SEE THE WORLD

跟着大使

看世界

主 编 樊亚玲 阎 峥 甄建国

CIPG 中国国际出版集团
China International Publishing Group

朝华出版社
BLOSSOM PRESS

图书在版编目（CIP）数据

跟着大使看世界 / 樊亚玲 , 阎峥 , 甄建国主编 . --
北京 : 朝华出版社 , 2017.6
　　ISBN 978-7-5054-3994-8

　　Ⅰ . ①跟… Ⅱ . ①樊… ②阎… ③甄… Ⅲ . ①世界—
概况 Ⅳ . ① K91

　　中国版本图书馆 CIP 数据核字（2017）第 115231 号

跟着大使看世界

主　　编　樊亚玲　阎　峥　甄建国

选题策划　张汉东
责任编辑　吕　哲
责任印制　张文东　陆竞赢
封面设计　浦洋伟业

出版发行　朝华出版社
社　　址　北京市西城区百万庄大街 24 号　邮政编码　100037
出版合作　（010）68995593
订购电话　（010）68996050　68996618
传　　真　（010）88415258（发行部）
联系版权　j-yn@163.com
网　　址　http：//zhcb.cipg.org.cn
印　　刷　北京利丰雅高长城印刷有限公司
经　　销　全国新华书店
开　　本　710mm×1000mm　1/16　　　字　　数　230 千字
印　　张　14.75
版　　次　2017 年 6 月第 1 版　2017 年 6 月第 1 次印刷
装　　别　平
书　　号　ISBN 978-7-5054-3994-8
定　　价　58.00 元

跟着大使看世界编委会

主　　编　　樊亚玲　阎　峥　甄建国

副 主 编　　郑彩萍　王　璇　吉晓明　郭　斌

执行编辑　　崔月强

编　　辑　　周　园　柳超英

序 言

自 2012 年以来，中国国际友人研究会与北京市西城区第一图书馆共同举办"外交官带你看世界"系列讲座，每月一讲，每次讲一个国家。我们邀请曾经在有关国家长期工作的退休大使主讲，迄今已坚持五年。

作为一项公益活动，"外交官带你看世界"系列讲座面向公众，自举办以来一直受到读者的欢迎。每次讲座读者人数都不少，而且各个年龄层都有，往往出乎主讲老大使和有关单位的意料。我们想，讲座的成功可能有两个原因：

首先，讲座内容不同于用书面语言介绍各国概况的百科全书或年鉴，而是由在相关国家工作过的老大使结合亲身经历讲述驻在国的历史文化、中国与相关国家的友好交往与互利合作，以及这些国家中友好人士的感人事迹，因而更加生动、鲜活，更加贴近读者的兴趣点。讲座结束之后，读者往往意犹未尽，在互动阶段向主讲人提各种各样的问题，气氛热烈。

其次，读者的积极表现充分表明，改革开放三十多年来，随着中国国际地位进一步迅速上升，随着中国与世界的关联越来越紧密，中国公众对外部世界、对中国的外交、对中国与各国的关系也更加关注。从另一个角度来说，这也反映出中国公民的整体素质同样在进一步迅速提高。

中国国际友人研究会成立于 1984 年。首任会长系原外长、时任全国人大常委会副委员长的黄华同志。首任名誉会长是时任全国政协主席的邓颖超同志。中国国际友人研究会成立的宗旨是缅怀当年帮助过中国人民革命和建设事业的国际友人，发掘整理相关资料，出版系列丛书。随着时代的发展，中国国际友人研究会除继续与上述国际友人的亲友及国外相关友好团体保持联系并组织纪念和交流活动外，还积极参与各项有利于中外人民相互了解、增进中外人民之间友谊的活动。因此，能够配合西城区第一图书馆推进社区精神文明建设，举办好"外交官带你看世界"系列讲座，我们感到十分高兴，将之视为应尽的职责。这次西城区第一图书馆决定将部分讲座内容编辑出书，无疑是进一步传播正能量、让更多受众得益之举。我们谨向西城区第一图书馆表示感谢！同时，我们也要向热心公益、积极应邀做讲座的老大使们致谢！

今后，中国国际友人研究会将继续为做好西城区第一图书馆"外交官带你看世界"系列讲座做贡献，使之越办越红火！

马灿荣

（中国国际友人研究会会长）

中国外交的缘起与发展[*]
（代前言）

一、新中国外交的缘起

中华人民共和国外交工作的起源，可以追溯到延安时期。

中国国内形势。1935 年，中国工农红军经过长征到达延安。此时，中国正面临着严重的民族危机。1935 年底，中共中央召开政治局扩大会议（瓦窑堡会议）。中国共产党及时制定了建立抗日民族统一战线的政策。

国际形势。此后，毛泽东在论述统一战线问题上又强调要对"帝国主义"加以区别对待。随着美国谴责日本和援助中国的立场逐渐明朗，1940 年底，毛泽东对党内起草了如下指示："在外交上，同英美及其他一切反对德意日法西斯统治者的人们联合起来，反对共同的敌人。"毛泽东战略思想的重要内容就是要对"德意"和"英美"加以区别。

太平洋战争爆发以后，美国和中国成了战时盟友。但是，美国和中国国民党政府在军事战略上存在着尖锐的矛盾。(1) 美国战时对中国的期望，是使中国成为一个"能极大地毁坏日本的作战基地"，最后

苏格大使

* 本文根据苏格大使 2014 年 4 月 17 日在北京市西城区图书馆（今西城区第一图书馆）演讲的部分内容整理而成。

战胜日本。（2）蒋介石出于"攘外必先安内"的政策，不愿将主力真正用来对付日本。（3）珍珠港事件使美国的外交政策发生了积极的变化。中国共产党则倡导"建立与开展太平洋各民族反日反法西斯的广泛统一战线"。

然而，在太平洋战争初期，中国共产党的积极态度并没有引起美国的重视。罗斯福出于战时抗击日本和战后维持世界秩序的目的，虽然力图提高中国的国际地位，但美国政府仅和国民党政府保持联系。

《西行漫记》等早期与中共接触的记者所撰写的访问记，使美国驻华使团中的部分成员对中国共产党抗日根据地表现出浓厚兴趣。另一方面，中共驻重庆代表团，特别是周恩来杰出的外交工作，也帮助一些美国人改变了对中国共产党的成见。1944年6月，美国副总统华莱士（Henry A. Wallace）访华期间，表达了美国政府对国共分歧的关注，并迫使蒋介石同意美国政府派军事观察组到延安考察。

美方有三个考虑：（1）国共关系的恶化不利于中国战区对日作战；（2）国共关系的恶化将导致中国内部冲突，并严重影响中国政治统一；（3）国共关系的恶化可能导致将来中苏关系复杂化。观察组的任务就是探求如何才能缓解国共之间的矛盾。1944年7月22日和8月7日，美军观察组——"迪克西使团"分两批抵达延安。美军观察组由包瑞德（David D. Barrett）上校任组长，成员包括谢伟思（John S. Service）等共18人。美军观察组受到中共中央、陕甘宁边区政府和当地驻军的热烈欢迎。

毛泽东主席亲自给《解放日报》社论定稿，在原稿标题"欢迎美军观察组"之后增添了"战友们"三个字。1944年8月18日，中共中央发出中共外交史上第一份重要文件《关于外交工作的指示》，将美军观察组来访看成是"我们在国际间统一战线的开展，是我们外交工作的开始"。

二、向社会主义国家"一边倒"的政策

中国共产党同美国进行了积极的接触，但是，以赫尔利（Patrick Jay Hurley）使华为转折点，美国对华政策的重心就渐渐地偏向国民党一方了，形成了"扶蒋反共"的政策。抗战一结束，美国就帮助国民党政府运送大批军队开赴要地接受日军投降，帮助蒋介石"下山摘桃子"。

随着战后国际形势的变化，"杜鲁门主义"和"马歇尔计划"相继出笼，美苏"冷战"拉开序幕。此后，在对苏联总的"遏制"战略的框架下，美国对中国共产党在中国的胜利的前景一直持有敌视和阻挠的态度。

辽沈、淮海、平津三大战役之后，中国革命的形势发生了历史性的转变。毛泽东在1949年3月中共七届二中全会期间，展望了新中国可能面临的国际环境及其外交对策。（1）原则性。毛泽东预言："帝国主义"国家"决不可能很快地就以平等的态度对待我们"。因此，新中国的方针便是：只要帝国主义一天"不改变敌视的态度，我们就一天不给帝国主义国家在中国以合法的地位"。（2）灵活性。我们"也要同资本主义国家做生意"。

在此次会议前后，毛泽东还提出了新中国外交的两个重要方针："另起炉灶"和"打扫干净屋子再请客"。按周恩来后来的解释，"另起炉灶"就是"不承认国民党政府同各国建立的旧的外交关系，而要在新的基础上同各国另行建立新的外交关系"；"打扫干净屋子再请客"就是说"帝国主义总想保留一些在中国的特权"，"我们要在建立外交关系以前把'屋子'打扫一下"。

1949年4月，人民解放军挥师过江，南京解放。此时，美国驻华大使司徒雷登（John L. Stuart）仍滞留南京，伺机与中国共产党接触。4月28日，毛泽东为中央军委起草了致邓小平、刘伯承、陈毅等人的电报，指示我军对英、美侨民和外交人员予以保护。电报指示："如果美国及英国能断绝和国民党的关系，我们可以考虑和他们建立外交关系的问题。"

1949年5月，毛泽东为中共中央起草了复电，指示南京军管会外事处处长黄华可以同司徒雷登接触。黄华与司徒雷登会晤后，了解到司徒雷登有意重访燕京大学，请示中央后，向其发出邀请，但美国国务院明令指示司徒雷登"在任何情况下都不得访问北平"。

在美国政府没有给中共领导人选择余地的情况下，中共和苏共之间的关系有了新的发展。1949年1月底，斯大林派遣联共（布）中央政治局委员米高扬到达中共中央驻地——河北西柏坡。参加这次高度机密会议的中共领导人仅有毛泽东、刘少奇、周恩来、朱德和任弼时。此次访问增进了苏联对中国革命形势和中共中央路线方针的了解，对新中国争取苏联的支持起了积极的作用。1949年6月下旬，以刘少奇为首的中共中央代表团又秘密访苏，同斯大林及联共（布）其他领导人举行了五次会谈。中方向苏联通报了新中国开国的准备工作以及内外政策，包括对外执行"一边倒"的方针。斯大林对苏共与中共接触过程中的"失误"表示了歉意。这次访问为中苏关系的建立奠定了基础，斯大林表示新中国成立之后，苏联将"立刻承认"并给予援助。

1949 年 6 月 30 日，毛泽东宣布：新中国成立之后所奉行的将是向社会主义国家"一边倒"的外交政策。

三、从"一边倒"到"一条线"

1949 年 10 月 1 日，中华人民共和国宣告成立，而美国政府 10 月 3 日宣布继续承认国民党政府。毛泽东于 1949 年 12 月 6 日访苏，1950 年 2 月 14 日，《中苏友好同盟互助条约》签订。该条约的签订，标志着中国外交向以苏联为首的社会主义国家"一边倒"政策的正式实施。

从美国对华政策制定的角度而言，美国政府曾一度因图谋离间中苏关系而暂时采取了"等待尘埃落定"的政策。随着《中苏友好同盟互助条约》的签订，美国决策集团中的一些人在中苏之间"打入楔子"的幻想破灭。1950 年 6 月 25 日，朝鲜战争爆发，美国迅速做出介入战争和派遣第七舰队侵入台湾海峡的决定。

在中国领导人看来，美国的决定无疑是将朝鲜内战国际化的行动和对新中国武装侵略的开始。出于国家安全的考虑，中国领导人最终做出了赴朝参战的战略决策。中美两国走上了直接军事对抗。在朝鲜战争中，中国对美政策的重点是反击美国的军事进攻，但同时以打促谈，争取和平解决朝鲜问题。

使中美交恶的最重要原因，就是美国对中国内政——台湾问题的干涉。中国在台湾问题上同美国斗争的焦点就是要维护国家的主权和领土完整。美国早在中国革命胜利之前就密谋了诸如"分离"和"托管"等防止台湾"失陷"的途径，但慑于"政治影响"，杜鲁门（Harry S.Truman）不得已于 1950 年 1 月发表了一份"不介入"的声明，以观望等待。朝鲜战争的爆发为美国军事干涉中国内政、染指台湾提供了时机和借口。美国政府采纳了麦克阿瑟（Douglas MacArthur）视台湾为"不沉没的航空母舰和潜艇基地"之战略分析，悍然派遣第七舰队武装侵入台湾海峡。中国政府严正揭露了美国的侵略行径，同美国在联合国讲坛上就台湾问题进行了面对面的交锋。至此，台湾问题成为两个没有外交关系大国之间的最大争议问题。

1954 年 9 月，中国人民解放军开始炮击金门。炮击金门可被视为《孙子兵法》所讲的"上兵伐谋"的行动，其目的是防止台湾问题固定化，反对美国"两个中国"的阴谋。美国和台湾当局既矛盾又勾结，缔结了一个所谓的"共同防御条约"。

1958 年，台湾海峡风云又起，美国再次对中国内政横加干涉。中共中央做出了"中美两国没有开战，无火可停"和"把蒋介石留在金、马"的战略决策，以"谈谈打打""打打停停"的策略，挫败了杜勒斯（John F. Dulles）"战争边缘"的讹诈政策。

然而，国际关系的风云变幻时常出现"分久必合，合久必分"的历史变迁。第二次世界大战后国际力量的重新组合产生了"雅尔塔体制"，导致中苏结盟和中美交恶。从新中国成立到 20 世纪 60 年代末，中美关系实为国际间以美苏为首的东西方两大阵营"冷战"对峙之组成部分，从某种意义上讲，中美双边关系亦可视为美、苏、中三角关系之一部分。而这一大的非等边三角关系中又包含着美国、中国大陆和台湾之间的小三角关系。20 世纪六七十年代，中苏关系恶化，中方一度奉行的政策是"两个拳头打人""反帝必反修"。

中苏关系成为中美两国接近的催化剂。中苏关系破裂的原因之一就是苏共中央当时奉行大国沙文主义，企图控制、指挥中共中央，而把独立自主视为党的生命线的中国共产党与其进行了坚决的斗争。随着霸权主义的恶性发展，苏联在 1968 年公然粗暴践踏别国主权和领土完整，武装入侵捷克斯洛伐克。1969 年，中苏边界爆发了苏军入侵我珍宝岛的严重事件。苏联不仅在中苏边界陈兵百万，还有试探袭击中国核基地的可能，对中国形成巨大的军事威胁。

而此时的美国，却因深深陷入越南战争的泥淖中而大伤元气、内外交困，被迫进行后被称为"尼克松主义"的战略收缩，即为确保同苏联争霸中的欧洲战略重点，谋求从印度支那脱身，实现所谓"均势外交"。毛泽东早在 1967 年就敏锐地注意到了尼克松发表在《外交季刊》上的文章《越战后的亚洲》，其中有一句耐人寻味的话："从长远来看，我们简直经不起永远让中国留在国际大家庭之外。"毛泽东让周恩来等人阅读此文，因为他认为，尼克松如果竞选成功，美国有可能改变对华政策。

1969 年春，在毛泽东的指示和周恩来的具体安排之下，陈毅、叶剑英、徐向前和聂荣臻等四位老帅接受了"研究国际形势"的特殊任务。1969 年 7 月 11 日，一份题为《对战争形势的初步估计》的报告呈交到周恩来总理处。这份报告全面分析了"中、美、苏三大力量之间的斗争"，指出："在可以预见的时期内，美帝、苏修单独或联合发动大规模侵华战争的可能性都还不大。"报告关于中苏矛盾大于中美矛盾、美苏矛盾大于中苏矛盾的战略分析，对打开中美关系之结提供了依据。此后，从 7 月下旬至 9 月中旬，四位老帅又对以下重大课题进行了反复研究。经过多次讨论，老帅们提交了题为《对目前局势的看法》的包括上述战略思想的报告。

在上述报告酝酿之时，中国正受到美苏两个超级大国的威胁，国家安全正面临严峻的考验。毛泽东把这种情况形象地比作"夹肉面包"。然而，毛泽东毕竟是纵横捭阖、运筹帷幄的国际战略大师，在慎重考虑和反复观察之后，毅然做出了"打美国这张战略牌"的战略决定，开拓了中国外交的新局面。用陈毅的话来讲，就是"主席下了这着棋，全局都活了"。毛泽东的战略决策就是面对苏联侵略的威胁，建立一个从中国经中东到西欧，越过大西洋到加拿大、美国，再经过太平洋至日本，并且包括太平洋南岸的澳大利亚、新西兰在内的，反对霸权主义的"统一战线"。与此同时，再将这条线周围的一大片亚非拉国家团结起来，形成"一条线、一大片"的格局。

毛泽东 1970 年对埃德加·斯诺（Edgar Snow）表述了"如果尼克松愿意来，我愿意和他谈"和"中美两国总是要建交的"等战略观点。在美国政府做出愿意改善关系的表示并采取有关行动后，周恩来又亲自策划了中国乒乓球队对美国的民间外交。按毛泽东的指示，应该给美国乒乓球队发出邀请，这就"将了美国国务院的军"。1971 年初中国成功实施了"乒乓外交"，使"小球推动了大球"。在周恩来总理接见美国乒乓球队数小时后，美国政府决定取消美国公民来华旅游的禁令。1971 年 7 月，基辛格（Henry A. Kissinger）完成了对北京的首次秘访。10 月，在基辛格第二次秘密访华期间，毛泽东和周恩来亲自过问未来中美联合公报的拟订，既坚持原则又体现灵活性，推动了中美和解的历史进程。1971 年 10 月 25 日，第二十六届联合国大会通过决议，中华人民共和国在联合国的一切合法权利得以恢复。

1972 年 2 月 21 日，尼克松访华。毛泽东在和尼克松的历史性会谈中，表达了建立中美关系的战略观点，即"现在不存在中美两国互相打仗的问题"。

两国领导人谈笑风生，双方的交谈在轻松的气氛中进行。《上海公报》的发表，以国际法律文件形式结束了中美两国长达22年的对立僵局，打开了双边关系正常化的大门。文件中包含的"反对霸权主义"的内容，体现了毛泽东所构想的建立"一条线"的国际反霸统一战线的战略思想。虽然中美两国在意识形态与台湾问题上仍有分歧，但出于战略安全的考虑，双方能超越分歧，寻求共识。中国外交就此实现了又一次重大的战略调整。

总之，由于苏联霸权主义对世界和平和中国国家安全的威胁，中国对美国实行了"联合反霸"的方针，同时又不懈地为维护国家主权进行着"有理、有利、有节"的斗争。中美关系中虽存在种种分歧，两国在战略上的合作却得以维持。

四、"独立自主的和平外交政策"

20世纪70年代末，中国国内的形势发生了巨大的变化。1978年，中国共产党十一届三中全会明确提出了"解放思想，开动脑筋，实事求是，团结一致向前看"的方针，做出了将党的工作重点转移到社会主义现代化建设上来的战略决策。1982年，党的十二大确定了中国在新的历史时期面临的三大任务。其中两项是国内的，即加紧社会主义现代化建设和争取实现祖国统一；另一项是国际方面的，即反对霸权主义，维护世界和平。1987年，党的十三大又确定了建设有中国特色的社会主义的"一个中心、两个基本点"的基本路线。中国政府根据党的基本路线，确立了经济建设、经济体制改革、政治体制改革等方面的基本原则和方针，确立了"三步走"的宏伟目标，即经过农村经济改革、城市与工业经济改革两个阶段后，开始全面结构性经济改革。中国社会主义建设事业进入一个新的历史发展阶段。

此时期，国际形势出现了许多新的变化。苏联由于国内工业发展停滞、农业歉收、外交孤立等众多原因，对外扩张受阻，逐步由原来咄咄逼人的攻势转为守势。而美国却由原来的收敛和退缩逐步转变为攻势。随着白宫易主，里根（Ronald Wilson Reagan）政府对外政策转为强调"恢复美国的战略威慑地位"，以抗击苏联扩张。同卡特（James Earl Carter）时期以"缓和"求和平不同，里根更强调"以实力求和平"。从国际宏观格局来看，美苏双方关系进入一个僵持的阶段，呈现出一种互有攻守、各有得失的"势均力敌"战略态势。与此同时，西欧和日本等国及第三世界经济等各方面发展迅速，成为独立的力量，在国际舞台上发挥了越来越大的作用。全球政治格局逐渐从两极向多极变化。

根据变化了的国内外形势，中国外交战略进行了相应的战略调整。中国领导人基于对国际形势的宏观分析，认为世界和平是大有希望得到长期维护的。美苏争夺已经相对缓和，双方既争夺又对话。在这种情况下，继续奉行"一条线"的战略，已经不能适应发展了的国际格局。因为中国是占世界人口四分之一的大国，块头大，分量重，已经成为独立于美苏以外的一支重要力量。中国如果同美苏任何一国结盟或建立战略关系，都势必影响世界战略平衡，不利于国际形势的稳定。

调整的目的是使外交为中国的现代化建设服务。中国为确保国内建设的战略目标，需要扩大国际合作，需要一个尽可能长的和平与稳定的国际和周边环境。正如邓小平所强调的，"中国对外政策的目标是争取世界和平。在争取世界和平的前提下，一心一意搞现代化建设，发展自己的国家，建设具有中国特色的社会主义"。中国对外政策进行了此次重大的调整之后，所呈现的新特点是"独立自主""真正的不结盟"。中国"不打美国牌，也不打苏联牌"，但"也不允许别人打中国牌"。中国对外政策，不再是"一条线"的联合，而是"独立自主的和平外交政策"。

应该指出的是，在促使中国外交政策转变的诸因素中，还包括美国对华交往中屡屡干涉中国内政给中国上的一课。这里最为突出的就是里根上台之后，改变了美国原先对中国战略地位的估计，主张强化与台湾的关系，并顽固坚持向台湾出售武器。中美双方进行了针锋相对的斗争后，于1982年发表了《八一七公报》。美国政府在公报中承诺，美国"准备逐步减少它对台湾的武器出售，并经过一段时间导致最后的解决"。由于考虑到售台武器是历史悬而未决的问题，中国政府在维护原则的基础上体现了灵活性，没有坚持美国售台武器的停止期限。但中国方面明确无误地告知美国政府：台湾问题事关中国的主权和领土完整，美国不要以为"中国现在有求于美国"，就可以在台湾问题上为所欲为；即使"由于台湾问题迫使中美关系倒退的话"，中国也"不会吞下去"。

虽然中国总的外交政策进行了重大的调整，改变了"一条线"的政策，但中国的对美政策绝不是要与之"重新交恶"，恰恰相反，中国政府一直坚持谋求的是在中美三个联合公报原则的基础上，使中美关系稳步发展。20世纪80年代，中美之间进行过多次高层互访。中国国家领导人在对美关系上均表达了希望双边关系平稳发展的愿望。例如：1984年里根总统访华，邓小平着重肯定了中美关系良好的发展历程和前景，同时又指出中美关系还存在台湾问题这一主要障碍。1989年布什总统访华期间，中方表示，中国政府历来重视中美关系，希望双方在和平共处五项原则和中美三个联合公报原则指导下，增加相互了解和信任，扩大和深化各方面的合作。邓小平也表示要以"增进信任、减少麻烦"的精神进一步发展中美关系。

"独立自主的和平外交政策"的发展。20世纪80年代末90年代初，国际格局发生重大变化。东欧剧变、两德统一、华约失效、苏联解体的巨大变化，尤其是两极世界一极的崩溃所产生的冲击波，动摇了原有的国际关系的基础，使国际体系进入一个重新组合的时期。中国独立自主的和平外交政策经受了国际格局骤变的考验。

在国际风云剧变的情况下，中国"独立自主的和平外交政策"总原则没有改变，其变化主要体现在对美国的"对策"上。面对美国等西方国家对中国的施压和制裁，邓小平总揽全局，为中国外交提出了"冷静观察、稳住阵脚、沉着应付"的战略方针，以后又陆续增加了"韬光养晦、善于守拙、决不当头、有所作为"，构成"28字方针"。中国"在和平共处五项原则基础上从容发展同所有国家的友好关系"，坚持"韬光养晦，埋头苦干，不扛大旗不当头，过头的话不说，过头的事不做"，以超越意识形态、超脱的态度，经受住了东欧剧变和苏联解体的冲击，以坚定的立场和灵活的策略，顶住了西方国家的压力和制裁，为中国的经济建设创造了有利的周边与国际环境。

五、中国特色大国外交

"先谋于局，后谋于略。"从纵向看，中国的改革开放，开辟了中国外交的新纪元。回顾改革开放以来的中国外交，其成功之处最根本的一点就是准确把握了国际形势发展和变化的大趋势，同时根据中国的实力、地位，实事求是地确立外交的阶段性目标和路线方针。

新世纪开局十年之后，国际形势和中国自身发展将中国外交又一次推向新的历史起点，决定了中国外交必须与时俱进地做出新的战略调整。习近平同志审时度势，全面分析国际格局和国内形势的变化，高屋建瓴地提出"中国必须有自己特色的大国外交"。

中央外事工作会议确立了新形势下中国外交工作的战略目标、基本原则和主要任务："高举和平、发展、合作、共赢的旗帜，统筹国内国际两个大局，统筹发展安全两件大事，牢牢把握坚持和平发展、促进民族复兴这条主线，维护国家主权、安全、发展利益，为和平发展营造更加有利的国际环境，维护和延长我国发展的重要战略机遇期，为实现'两个一百年'奋斗目标、实现中华民族伟大复兴的中国梦提供有力保障。"

（一）对外政治关系。在经济全球化和世界多极化的大背景下，我们应抓住时机，做好中外关系若干篇"大文章"。要敢于和善于作为，既开拓进取，又居安思危，维护既得利益，争取应有利益；同时又要长袖善舞，善于藏拙，潜心发展。中国高举和平、发展、合作、共赢的旗帜，在四个方面谋篇布局：

一是大国关系。推进中美新型大国关系建设方面取得积极进展，通过加强沟通、拓展合作、管控分歧，守住"不冲突、不对抗"底线，筑牢"相互尊重"基础，共同推进"合作共赢"目标；中俄全面战略协作伙伴关系基础得以夯实，互信与合作进一步增强，两国关系更趋成熟、稳定；中欧和平、增长、改革、文明四大伙伴关系进一步深化，利益交汇不断加深，战略合作水平持续提升；中国还积极发展与发展中大国及地区大国的友好合作关系。

二是周边关系。中国将继续把周边作为外交优先方向，与邻居们和睦相处、守望相助，共促和平稳定与发展繁荣，同周边国家关系总体上向更加积极的方向发展。

三是同发展中国家关系。中国同其他发展中国家的全面团结协作伙伴关系不断增强，在传承友谊、增进互信、推进合作、共谋发展等方面取得丰硕成果。

四是多边外交。中国深入参与和引导多边外交进程，与联合国和其他重要国际组织的关系取得新的发展。中国按照"志同道合是伙伴，求同存异也是伙伴"的新思路，秉持平等、包容和共赢的理念，力图走出一条"对话而不对抗，结伴而不结盟"的新路，迄今已同 80 多个国家和国际组织建立了各种伙伴关系，全球伙伴关系网络更加广泛，合作共赢道路越走越宽。

（二）对外经济关系。中国外交坚持为发展和改革开放服务的第一要务，紧紧围绕这个大局并为此营造更为稳定、更加友善的外部环境。在对外经济合作上，中国主张各国人民应该共享发展成果，每个国家在谋求自身发展的同时，都要积极促进其他各国共同发展。作为最大的发展中国家和新兴经济体的代表，中国在世界和区域的共同发展中理应做出自己应有的贡献。中国经济发展进入新常态，将继续给世界各国提供更多发展与合作机遇。未来五年，中国进口额将超过 10 万亿美元，对外投资将超过 5000 亿美元。中国认为，发展不均衡不仅是经济问题，更是世界和地区不稳定的根源之一。中国支持联合国千年发展目标和行将制定的 2015 年后发展议程，主张树立国际社会"利益共同体"意识，寻求各方利益的最大公约数，携手促进共同发展。

中国坚持奉行"共商、共建、共享"的原则，推动"一带一路"，从陆上和海上两个方向推进多条经济走廊的建设，达到缩小地区发展差距和推动区域一体化进程的目标。这既是对古代丝绸之路合作精神的传承发扬，又是契合时代精神、顺应各国加快发展的愿望且包容性巨大的共同发展平台，因而得到广泛积极响应。亚洲广大地区的基础设施急需升级改造，需要大量的建设融资，中国倡议成立的亚洲基础设施投资银行，不仅深受亚洲发展中国家的欢迎，也得到越来越多发达国家的肯定。此外，丝路基金和互联互通伙伴对话会等机制也将发挥重要作用。中外经济包容合作、互利共赢，可谓"天时，地利，人和"。

（三）国际安全问题。中国高举和平、发展、合作、共赢的旗帜，坚持通过对话协商和平解决争端，反对动辄使用武力和以武力相威胁，主张摒弃冷战思维，各国共建、共享、共赢的安全之路，促进国际和区域的共同安全、合作安全、综合安全和可持续安全。

中国积极参与维护国际和平与安全的行动，派多批次护航编队为国际船舶保驾护航。中国积极致力于维护地区稳定与安全，通过亚信峰会、上海合作组织和东亚合作框架等机制，促进防务安全交流合作。中国积极参与打击恐怖主义、维护网络安全、抗击传染疾病等国际合作，在国际安全事务中发挥着负责任大国的作用。中方积极参与热点问题的和平解决，倡导并践行"解决热点问题三原则"：坚持不干涉别国内政，反对强加于人；坚持客观公道，反对谋取私利；坚持政治解决，反对使用武力。

中国坚持通过和平方式处理领土主权和海洋权益争端，积极倡导处理南海问题"双轨"思路。中国坚定不移走和平发展道路，但决不牺牲国家核心利益。任何外国不要指望中国会吞下损害其主权、安全、发展利益的苦果。此外，在非传统安全领域和"软国力"的竞争中，我们还需警惕和防范国际某些势力"颜色革命"一类"不战而胜"的图谋。

"鲁难始于萧墙之内"，真正对我国综合安全构成根本威胁的因素，可能在内而不在外。我们必须妥谋对策，关键是切实"将自己的事情办好"。

（四）文明交流互鉴。2014年3月，习近平主席在联合国教科文组织总部演讲时指出，"文明因交流而多彩，文明因互鉴而丰富"。博大精深的中华文化赋予中国外交独特的印记，也是其取之不尽、用之不竭的宝贵精神源泉。崇正义、重民本、尚和合、求大同，中国外交将致力于与各国一道破解发展难题，并为之贡献中国智慧，增添中国方案。在新世纪国际交流中，中国文化自身需对内"强根固本"，对外"兼收并蓄"。在虚心学人之长的同时，善于"借船出海"，以外界易于接受的方式和语言，对外讲好中国故事，传播好中国声音。"国之交在于民相亲"，中国外交将致力于加强人民之间的友好往来，为开展区域合作奠定坚实的民意和社会基础。

近年来，中国领导人出访，时常推出中国"文化年"等国家级交流活动。其目的之一，就是通过全方位人文交流，广结善缘，加强民心相通，让中国梦同周边各地人民的美好愿景实现对接。此外，奥运会、世博会等举世瞩目的国际大型活动的主办，孔子学院所建立的教育交流机制等，不仅可推动"文化搭台、政经唱戏"，还可成为展现国家综合实力和形象的平台。

当然，国家"软实力"的影响，更在润物无声、潜移默化之中。未来五年，中国出境旅游人数预计将超过5亿人次。有鉴于公民个体在外可被视为其国家和文化的"名片"，公民整体素质的提高愈显重要。"民为邦本""水可载舟"，以人为本、为民服务永远是中国外交的天职。

六、结　语

中国对外政策从缘起至 20 世纪末，经历了下面几个大的历史阶段：（1）在日本侵略中国的背景下，中国共产党努力建立广泛的国际反法西斯统一战线，将美国视为可争取的力量。（2）美国对苏和对华的"遏制"政策，使中国外交别无选择，走上了向社会主义国家"一边倒"的道路。（3）随着 20 世纪 60 年代国际形势的变化，苏联霸权主义成了中国国家安全的最大威胁。毛泽东果断地做出了打开中美关系、结成国际反霸统一战线的决策。中国外交实施了"一条线"的战略调整。（4）进入 80 年代后，美苏争夺态势转入均衡、僵持阶段。在此种情况下，以邓小平同志为核心的党的第二代中央领导集体实施了中国外交又一次重大的调整。"独立自主的和平外交政策"经受住了两极格局解体、国际风云剧变的考验，使一个充满生机的社会主义中国在国际事务中发挥着越来越重要的作用。

进入 21 世纪以来，国际格局变化"沧海桑田"，中国和平崛起"邦旧命新"。中国前所未有地靠近世界舞台中心，中华民族前所未有地接近实现伟大复兴的历史目标。在习近平外交思想指引下，中国外交：一是以深邃的全球视野，主动塑造大外交战略的顶层设计和全面规划；二是以恢宏的战略定力，根据客观需要确立近、中、远期阶段性目标；三是以周密的谋篇布局，积极引领和处理大国、周边、发展中国家和多边领域的外交工作；四是以务实的方针政策，将合作共赢理念落实到政治、经济、安全、文化等各个方面。"雄关漫道真如铁"，中国外交将不断寻求理想与现实的平衡，积极稳妥共筑"人类命运共同体"，进而勇往直前地迈向"天下大同"。

苏　格

（中国国际问题研究院院长）

目 录

沙漠中的奇迹——
阿联酋

主讲人　张志军

（2001.8—2006.10 任中国驻阿联酋大使）

一提起阿拉伯联合酋长国（简称"阿联酋"），人们很自然就会想到这是一个神秘、经济快速发展、盛产石油的富国之一。

中国同阿联酋于 1984 年 11 月 1 日建交。早在中阿建交前的 1982 年，应阿联酋迪拜酋长国纳赛尔体育俱乐部的邀请，由李振恃、黄亮、张德英等著名乒乓球国手组成的中国乒乓球队赴迪拜访问 4 天，进行乒乓球运动表演。我有幸作为该球队的秘书随同访问。这是我首次访问阿联酋，虽然在迪拜只停留寥寥数日，接触对方人员不多，但给我留下两点深刻印象：一是我看到了迪拜市区到处大兴土木工程，盖楼修路。吊车、挖掘机、压路机、装载建筑材料的卡车忙忙碌碌，一派热火朝天开展市政建设的繁忙景象。二是深感阿联酋人民对中国人民的友好情谊。他们希望了解中国、认识中国，愿同中国人民交往，愿同中国发展各领域的友好合作关系。

嗣后 20 多年间，我曾数次出差经停阿联酋的迪拜、沙迦、阿布扎比等地，每次经停时，都发现上述城市的市政建设持续拓展，增添了新的街道、高楼大厦。2001 年，我出任中国驻阿联酋大使，在中国驻阿联酋使馆工作 5 年多，有机会更多地目睹和了解了阿联酋经济建设取得的成就。阿联酋是一个新兴的发展中国家，利用石油资源迅速崛起，实现了从一穷二白到富甲天下的转变，成为世界上人均国民收入最高的国家之一（2014 年人均 GDP 为 4.5 万美元）。很多驻阿联酋的外国使节和外交官都有这样的感觉：阿联酋经济建设日新月异的发展变化，充分表明了这是一个充满活力的国家，其雄厚的经济实力总是不断地创造建筑方面的奇迹，让人们感到新鲜，带给人们惊喜，令世人瞩目和赞叹。

一、阿联酋国情

阿联酋位于阿拉伯半岛东部，北濒阿拉伯湾（波斯湾），1971 年 12 月 2 日建国，面积 83600 平方公里。人口 826 万（2014 年），居民信奉伊斯兰教（80% 属逊尼派，但迪拜酋长国什叶派占多数）。官方语言为阿拉伯语，通用语言为英语。首都阿布扎比人口约 66.5 万，气候炎热。

1. 政体。联邦最高委员会是国家的最高权力机构，由阿布扎比、迪拜、沙迦、富查伊拉、乌姆盖万、阿治曼、哈伊马角等 7 个酋长国的酋长组成，负责制定国家的内外政策，审核联邦预算，批准法律与条约及法官的任命，选举总统与副总统。联邦最高委员会下设联邦政府，总理及内阁成员均由总统任命。阿联酋是一个松散的联邦制国家，除外交、国防相对统一外，各酋长国均实行王室家族世袭式的统治制度，并拥有相当的独立性和自主权，特别在经济发展建设和内部管理方面，各酋长国各自为政；各酋长国在联邦事务中的权利、在联邦内阁和国民议会中部长和议员的席位，均按照土地面积、人口比例、经济实力和政治影响来进行分配。在联邦 7 个酋长国中，阿布扎比实力最强，迪拜次之，沙迦第三。2004 年 11 月 2 日，阿联酋开国总统扎耶德·本·苏尔坦·阿勒纳哈扬逝世，11 月 3 日，最高委员会推选扎耶德总统长子哈利法·本·扎耶德·阿勒纳哈扬为新总统。

2. 政府和议会。联邦政府（内阁）是联邦最高委员会的执行机构，在联邦最高委员会的监督下，具体实施宪法和法律规定范围内的内外大政方针。2013 年 3 月 2 日，新一届政府重组，成员 24 人。联邦国民议会成立于 1972 年，是咨询机构，负责讨论内阁会议提出的法案。议会成员 40 名，现任议长是穆罕默德·艾哈迈德·莫尔。

阿布扎比帆船比赛（刘景玉摄影）

3．经济。石油化工是阿联酋国民经济的支柱产业。阿联酋石油和天然气资源非常丰富：已探明的石油储量130亿吨，居世界第七位；天然气储量6.1万亿立方米，亦居世界第七位。阿联酋的石油生产主要在阿布扎比酋长国。该酋长国于1962年开始产油，目前日产300万桶〔石油输出国组织（OPEC）分给的生产配额是211.3万桶/日〕，还可生产100多年。阿联酋地处海湾交通要冲，集经贸、金融为一体，市场潜力大，辐射面广，海、陆、空运输发达，是东西方贸易枢纽和货物集散地。阿联酋社会环境良好，经济开放，贸易政策优惠，是海湾乃至中东地区的贸易、物流、展览、信息、金融、旅游中心。阿联酋1995年加入世界贸易组织（WTO），并与179个国家和地区有着贸易关系。近年来，中国、印度、日本、美国、英国、法国、德国等已成为阿联酋的主要贸易伙伴。

4．人口结构。在阿联酋826万人口中，外籍人占88.5%（主要来自印度、巴基斯坦、埃及、叙利亚、巴勒斯坦等国家）。外籍人口多的原因是：阿联酋建国后，经济建设发展迅速，各行各业需要大量劳务人员，但本国劳务人员缺乏。阿联酋政府对外籍劳务人员实施"门户开放"政策，欢迎外籍人员来阿联酋务工、经商，特别是在20世纪七八十年代，涌入阿联酋的外籍劳务人员逐年增多。据说，有来自150多个国家的侨民在阿联酋工作，形成了庞大的外籍劳务大军。为了更好地管理外籍劳务市场，遏制非法移民和打黑工现象，并解决阿联酋本国国民的就业问题，联邦政府于2007年通过了1996年颁布的《劳动法》的修正案，并确定了具体的实施措施。据不完全统计，迄今，中国在阿联酋的侨民总数约20万，包括：（1）民营企业人员，这些民营企业多从事贸易、物流、仓储、加工、餐饮业，总人数约15万；（2）中国有关建筑公司在阿联酋承包了一些土木工程项目，参加执行工程项目的工程技术人员和劳务人员2万~3万；（3）在阿联酋当地机构、企业工作的中国员工2万~3万。

5．石油带来的巨大变迁。50年前的阿联酋还是一个除了大海就是沙漠，由荒芜的沙丘、简陋的村落、稀少的绿洲构成的贫瘠的地方。沿海居民以捕鱼、采珍珠、当水手为谋生手段，内陆居民以牧羊、养骆驼或少量种植为业。那时当地居民在贫瘠的海岸上、炎热的沙漠荒野中和崎岖的山间求生存、度日月，生活艰苦。1972年阿联酋建国后，勤劳而富有智慧的阿联酋人民在开国总统扎耶德·本·苏尔坦·阿勒纳哈扬及其继任者的领导下，利用石油资源，大力发展经济建设。经过 30 余年的奋斗，梦想成真，在海滩和荒漠中建立起一座座现代化的都市，昔日的小渔村阿布扎比、迪拜、沙迦等地，如今已变成举世闻名的大都市，天方夜谭式的幻梦已变为现实。阿联酋已一跃成为当今世界上经济发展最快、人均 GDP 最高的石油富国之一。这里既有鳞次栉比的高楼大厦、庞大的购物中心、现代化的国际机场与港口、平坦的高速公路、绿荫覆盖的高尔夫球场、宽阔的赛马场，又有肃穆的清真寺、传统的民俗村、历史悠久的古城堡、"沙漠之舟"骆驼队和令人驻足的阿拉伯工艺品市场、琳琅满目的金银首饰街。现代化的设施与传统的文化完美结合，交相辉映，勾画出浓郁的阿拉伯风情和特色。分别坐落在阿布扎比和迪拜的酋长国宫和阿拉伯塔两个七星级旅馆，以及 2010 年 1 月 4 日启用的高达 828 米的世界第一摩天高楼——迪拜哈利法塔，是阿联酋的标志性建筑，映射出经济建设高速发展和欣欣向荣的社会景象。

阿拉伯塔旅馆（刘景玉摄影）

6．发展多种经营，减少对石油的依赖。"石油资源总有一天会枯竭的"，"经济发展不能只依靠石油，必须扩大多种经营"。我曾多次听到阿联酋政府有关部门的官员和经济界、商界的朋友如是说。正是意识到只有逐步摆脱单一经济结构，努力发展非石油产业，才能保持国民经济持续、稳步发展。阿联酋政府 30 多年来大力实施并继续推行的经济发展多元化的政策已经完全证明了这一点。这就是：在发展石油和石油化工产业的同时，利用自身的特点和条件，发展炼铝、塑料制品、水泥、建材、服装、食品加工等工业；拓展农、牧、渔业；加强文教、卫生事业；为适应经济全球化的发展趋势，不断扩大海、陆、空交通，通信和基础设施建设；招商引资，建立经济自由区；大力发展会展、物流、金融、旅游和服务业；推动以信息技术为核心的"新经济"和"知识经济"的发展；注重可再生能源的研发。首都阿布扎比于 2009 年 6 月获选国际可再生能源署总部所在地。据阿联酋经济部的统计，近年来，非石油产业的收入在阿联酋的 GDP 中已占近 2/3，大大超过了石化产业的收入，这正是得益于大力实施经济来源多元化的战略。

7．蓬勃发展的旅游业。旅游业是阿联酋政府推进经济发展多元化战略的重要组成部分。据阿联酋官方统计，近年来，每年来阿联酋的境外旅游者超过 1000 万人次，旅游收入占国民收入的比例逐年增加。原因是，阿联酋的旅游景点虽然不多，但拥有阿拉伯特色的自然风光：蔚蓝的天空、宁静的大海、细软的沙滩、谜一样的沙漠、沙漠中的绿洲、古老的城堡等。最吸引人的就是在建筑方面创造了不少令世人惊叹的奇迹和超豪华的旅馆或旅游设施，琳琅满目的金银首饰街和阿拉伯工艺品市场也是各国旅游者十分眷顾的地方。

（1）阿拉伯塔旅馆。凡是到迪拜旅游或访问的人都把阿拉伯塔旅馆作为其首选的参观项目，因为该旅馆不仅是见证迪拜步入现代化生活与经济迅速发展的标志性建筑，也是当今世界上少有的超豪华的旅馆之一，更是一处人工打造的优美景点。该旅馆以其别具一格的造型、充满浓郁阿拉伯风格的装饰、富有魅力的先进设施以及周到的服务而闻名遐迩。阿拉伯塔旅馆建在迪拜风景优美的卓美亚海滨的一个人工填海造就的小岛上，距离岸边 280 米。一座白色的钢筋混凝土桥梁犹如一条玉带将小岛与陆地紧紧地连接起来。该旅馆由英国设计师设计，高 321 米，共 56 层，于 1999 年 12 月开业。旅馆的主体建筑恰似一面白色塔状的扬起的风帆，傲然竖立在蓝色的大海之中，远看如同一条正在行驶的帆船。因此，很多人又称其为帆船旅馆。该旅馆帆船形状体建筑的外立面由 43446 平方米的双层纤维玻璃黏合而成，犹如一幅巨大的水上屏幕。旅馆共有 202 套住房，分为总统套房、王室（豪华）套房、普通套房三种。每个套房都是复式结构（上下两层），最大的总统套房面积 780 平方米，最小的普通套房的面积也有 170 平方米。旅馆的设计美观、大气，装饰十分豪华、高雅。旅馆内的装饰以金黄、桃红、碧蓝三种颜色为主色调。各层大厅的立柱、客房中的浴室、衣帽间等处的一些装饰和门把手等都是包金或镀金的，据说该旅馆在装饰上用的黄金就达 30 余吨。各层大厅通道的地毯是从南非定做的，非常典雅、漂亮，显现了该旅馆的奢华与高贵。乘电梯到达 200 米高处，有一个可以俯瞰多半个迪拜城的中厅，游客可在此厅喝咖啡、就餐、观看或拍摄外面的优美景致。阿拉伯塔旅馆的楼顶上还建有一个直升机升降坪，旅馆底层还有舒适的高档餐厅。

（2）富丽堂皇的酋长国宫旅馆。与阿拉伯塔旅馆相媲美的另一个超豪华的旅馆是阿布扎比的酋长国宫旅馆，但酋长国宫旅馆更典雅，更气派，更加富丽堂皇，是典型的古典阿拉伯王宫式建筑。该旅馆于 2004 年开业，也是由英国设计师设计的，造价 110 亿迪拉姆（约 30.05 亿美元），坐落在阿布扎比市海滨大道南端的海岸上，西北面和西面临海，拥有 1300 多米长的海滩，掩映在椰枣树林之中。它不仅是一家超豪华的旅馆，更是一个超大型的会议中心。建造该旅馆的初衷是为了迎接海湾合作委员会六国（沙特、科威特、巴林、卡塔尔、阿联酋、阿曼）首脑会议在阿布扎比召开，故曾取名会议宫旅馆，后改为酋长国宫旅馆。旅馆内部的使用面积为 24.282 平方米，拥有 8 种不同面积的客房 394 套。最大的总统套房面积近 1000 平方米，最小的客房面积为 55 平方米。旅馆内还建有面积达 7000 平方米的豪华礼堂，可容纳 1200 人开会。另有 40 个会议室和附带 12 个工作间的新闻中心，还有 1 个可容纳 2800 人的大厅、8 个娱乐厅、12 个餐厅，并配有 128 间厨房和餐具室，可同时接待 2000 多人就餐。旅馆的装修全部采用最新材料和技术，共使用了 19 万立方英尺的进口大理石和 1002 盏水晶吊灯。旅馆共有大小穹顶 114 个，体现了伊斯兰建筑的风格，穹顶外围采用了特殊的防腐材料、先进的照明材料，由纯金制造。夜晚，照明系统开启，穹顶会交替变幻出红、蓝、黄、绿、紫等不同种颜色，组成了优美、漂亮的图画，十分耀眼、亮丽，令人赞叹。旅馆的院内有成排的椰枣树、整齐的绿草坪、盛开的鲜花，环境优美，风景秀丽。

阿布扎比酋长国宫旅馆（刘景玉摄影）

（3）"世界第一摩天高楼"迪拜哈利法塔。2010年1月4日，阿联酋副总统兼总理、迪拜酋长穆罕默德·本·拉希德·阿勒马克图姆为迪拜哈利法塔竣工揭幕。阿联酋通讯社报道，哈利法塔投资15亿美元，在建筑方面打破了多项世界纪录，创造了数个世界之最：世界最高楼，楼高828米；楼层最多，超过160层；建筑面积最大，达50万平方米；有世界最高的观景台（设在第124层），可俯览整个迪拜城和海湾风光；有海拔最高的游泳池（建在第76层），游泳池面积260多平方米；有时速最快的电梯，楼内安装有57部电梯，时速达64公里（平均每秒17.7米）。该塔气势磅礴，给人以震撼的感觉，不但高度惊人，所用建筑材料的总量也是令人惊叹的。报道称，"总共使用了33万立方米的混凝土、3.9万吨钢材、14.2万平方米的玻璃"，"该塔的设计由连为一体的管状型的多塔组成了一个核心体，外观效果像旋转的螺旋冲向天际，最高处逐渐形成塔尖，给人以直冲云霄的感觉"。塔的基座则采用了富有伊斯兰建筑风格的几何图形 —— 六瓣的沙漠之花。该摩天高楼坐落在迪拜的繁华区，是一座集高档旅馆、豪华公寓、商务办公套房、购物商场于一体的综合性大楼，也是该繁华区内的地标性建筑。无疑，该摩天大楼的竣工不仅为迪拜的旅游业增添了一道引人瞩目、亮丽的风景线，更在世界建筑史上创造了又一个奇迹。

8. 环保使生活环境更美好。阿联酋全国的绿化和环保成果十分显著，特别是阿布扎比和艾因两市更为突出，街道两旁绿树成荫，鲜花盛开，是名副其实的"沙漠中的绿洲"。迪拜、沙迦等酋长国的城市绿地和街心花园也比比皆是，加上碧海蓝天、细软的沙滩、翱翔的海鸥，风景独好。这些生机勃勃的树木和花草完全生长在贫瘠的沙地之上，是靠地灌培植起来的。也就是在花草、树木的根部埋藏着密密麻麻的细小管道，小管道同输送植物营养液和水的粗管道相连。通过这些小管道向植物和花草直接浇灌营养液和水，而浇灌的水又都是淡化的海水。由此可见，用于城市绿化和环保的成本之高、费力之大是不言而喻的。不少当地朋友向我介绍说，联邦政府在加速发展经济建设的同时，非常重视环保工作。1997年出台了"国家环保战略规划"，对陆地、海洋、空气、污水处理等方面的环保提出了严格的要求；城市的规划、发展、建设必须符合人民生活和健康的需求，要使城市更美好、更干净、更舒适、更漂亮。

阿布扎比海滨大道（刘景玉摄影）

9．友好的外交，慷慨的外援。阿联酋奉行温和、睦邻友好、均衡的外交政策。主张在联合国宪章和国际法准则的基础上，通过和平协商解决国际争端；主张不同社会制度的国家和平共处，共同维护世界的和平与稳定，并在相互尊重主权和领土完整、互不干涉内政、平等互利的基础上建立国际政治、经济新秩序。阿联酋迄今已同 183 个国家建立了外交关系。

丰富的石油资源不仅为阿联酋经济的持续发展提供了可靠的保障，也为阿联酋实施大规模的人道主义对外援助起到了重要的支撑作用。据不完全统计，阿联酋向发展中国家援助的规模已占阿联酋国内生产总值的 3.6 %，总金额已超过 700 亿美元，远远超过了联合国规定的关于发达国家每年向发展中国家提供的援助应不少于其国内生产总值 0.07 % 的要求。2008 年 5 月 12 日四川汶川特大地震发生后，阿联酋政府向四川地震灾区捐款 5000 万美元，阿联酋红新月会亦向四川地震灾区提供了大量食品和救灾物资。阿联酋慷慨的对外人道主义援助，受到了国际社会的广泛称赞，为阿联酋赢得了良好的国际声誉。

二、阿联酋传统的民风民俗

（一）自由开放的宗教政策。阿联酋宪法规定，伊斯兰教是阿联酋的国教。由于阿联酋外籍人多于本国人，外籍人当中既有穆斯林，也有非穆斯林（如基督教教徒和印度教教徒），鉴于此，阿联酋奉行宗教信仰自由的政策。阿联酋国内各地既有供穆斯林进行宗教活动的清真寺，也有供非穆斯林进行宗教活动的教堂或场所。阿联酋全国约有 3450 座清真寺，坐落在大街小巷和各居民小区之中。这些清真寺的建筑造型各异，十分考究、典雅，为穆斯林进行礼拜和参加宗教活动提供了非常便利、舒适的环境。

1．谨守拜功。穆斯林每日进行五次礼拜（祈祷），这五次是：晨礼、晌礼、晡礼、昏礼、宵礼。做礼拜前应进行洗涤或沐浴，分大净和小净。大净指洗澡，小净指洗手、洗脸、洗脚，以示对真主安拉的虔诚。一般在家中做礼拜时，面朝麦加的方向，礼拜时间为 10 分钟；星期五为主麻日，要到清真寺参加集体礼拜，有阿訇领礼，礼拜时间一般在 30 分钟以上。礼拜是很严肃的活动，我们在伊斯兰国家工作或出差、旅游，碰到穆斯林做礼拜，切记不要打搅人家，更不要指手画脚地谈论，免得引起人家的不满甚至反感。也有虔诚的穆斯林来我国访问期间会在下榻的旅馆房间里做礼拜或要求到清真寺做礼拜，这都是正常的宗教活动。

阿布扎比清真寺（刘景玉摄影）

2．坚持戒斋。穆斯林要在每年的回历九月（阿拉伯语叫拉马丹月）戒斋一个月。戒斋要求：自太阳升起至太阳落下的时间内不得吃饭、喝水。只有在日落后，清真寺扩音器广播可以开斋，才开始吃饭。吃饭前，一家人应排队站在一起，面朝麦加方向做一番祷告后，方可吃饭。据当地的朋友介绍，由于把斋饿了一天了，肚腹空空，吃斋饭时不能一下子吃很多，先要吃几枚椰枣，再喝点饮料或酸奶，然后才能吃正餐。在阿联酋工作的外国人，非穆斯林可以不戒斋，可在家中或旅馆中就餐，但要严格遵守当地的风俗习惯，不得在公共场所吃东西、喝水、吸烟。我们如斋月期间适逢在信奉伊斯兰教的国家中，一定要了解和尊重当地人的风俗习惯，别闹出笑话或出洋相，以免引起当地人的误解。

（二）阿联酋人的待客礼仪。热情好客是阿拉伯人推崇的美德。阿联酋人接待客人有传统的习俗，礼仪周到，热情豪爽。如果是很熟悉的朋友相见，除握手外，还要拥抱，并互致问候，在拥抱的同时，双方互相贴脸颊三下（右脸颊两下，左脸颊一下），但由于风俗习惯，男女有别。到当地的朋友家做客，谈话、就餐时男女分开，男士一边，女士一边，或男女宾客各在一个厅里；在大商厦买东西，有专供女士购物的商店，当然售货员都是女性，还有妇女专用的发廊、美容店、沙龙、俱乐部等；旅店、商厦、超市、机场等公共场所都有专供做祈祷的礼拜大厅，礼拜大厅也是男女分开的；阿联酋的学校从小学起，分男校和女校。

1.阿拉伯咖啡和薰香。阿联酋朋友款待客人热情周到。主人会在院子的大门口内侧或客厅的门前迎接客人，谈话或宴请时，男主人陪男客人，女主人陪女客人。宾主入座后，主人首先让服务员给客人敬上阿拉伯咖啡和椰枣。这种咖啡是现煮的，煮完后盛装在长嘴大肚的咖啡壶里。咖啡中掺有豆蔻和阿拉伯香料，呈淡黄色，味道略苦，但很有提神作用。服务员把咖啡倒在不带把的小瓷杯里后，敬给客人，等客人喝完后再斟第二杯、第三杯……如不想喝了，只要将手中的杯子晃一晃，即表示不需要再添加咖啡了。咖啡略苦，椰枣很甜，一起品尝，别有一番风味。喝完咖啡后，服务员会给客人送上加糖的红茶，有时红茶里面还加有薄荷叶，味道甘甜清爽。随后，服务员还会将已经点燃的铜制的薰香炉端到客人面前，香炉上方的敞口中冒着沁人心脾的檀香的薰烟，随着缕缕香烟从炉内升起，满室溢香。客人可用手将薰烟向自己的胸前扇，让衣服沾上香气。此时客人会感到香气环绕于周围，非常惬意。

按照当地的传统习惯，在宴请时，一般有席地而坐和围绕餐桌就座两种形式。席地而坐就是在餐厅的地面中间铺上地毯，地毯上铺有宽2~3米、长约10米（或更长，因就餐人数而定）的白色桌布，各种菜肴摆放在桌布上面，宾客围绕地上的桌布席地就座；另一种就是常见的围绕长方形（或圆形）的餐桌就餐。无论是哪种就餐形式，菜肴都丰盛，品种多，量也大，但无酒。

2.传统的阿拉伯美食。阿联酋等信仰伊斯兰教的国家，居民的饮食习俗与伊斯兰教的教规有关，禁止食用非清真食品和非伊斯兰途径（即非诵安拉之名）屠宰的动物（牛、羊、骆驼、鸡、鸭等），禁止饮酒。由于在阿联酋工作的外国人很多，为了满足外国人中非穆斯林的需要，经过批准的星级旅店设有酒吧，可以卖酒。经过批准的超市有出售进口猪肉和猪肉制品的摊位。但只能在旅店或家中喝酒，在大街上喝酒是违法的。

阿联酋人日常食用的主食为大饼（烤制而成）和米饭（用牛、羊或骆驼肉加葡萄干、巴丹杏仁、核桃仁、西红柿、胡萝卜等和大米做成）。菜肴的种类很多，主要有烤全羊、烤羊排、烤羊肉串、烤鸡、烤鱼、烤虾及蔬菜、甜食等。还有一种非常受欢迎的大众化的快餐叫"谢沃尔迈"，物美价廉，深受广大民众的喜爱。其做法是：将切好的厚厚的羊肉片或鸡肉片串垛在竖起的铁棍上，铁棍固定在有一面是电火的烤炉中。随着铁棍的慢慢旋转，烤熟一层，厨师就用刀将肉刮下来，然后将面饼从侧面切开，往饼内抹上胡姆斯酱，将刮下来的烤肉加上酸黄瓜条、葱头丝等裹进饼里就可以食用了。

3. 赖以生存的椰枣。椰枣树是阿拉伯国家传统的植物，已有数千年的栽种历史。包括阿联酋在内的很多阿拉伯国家都建有大面积的椰枣林，当地人家的庭院里也种植椰枣树。据海湾地区的营养学专家介绍，椰枣有数百种，味道甘甜，营养丰富，含糖量高达80%，蛋白脂、矿物质含量也很高且易于保存和携带，是阿拉伯人十分喜爱的食品。在椰枣成熟季节，阿布扎比、迪拜、沙迦等城市市内和郊区，到处可见挂在树上的沉甸甸的椰枣，在艾因、利瓦等绿洲中栽种的椰枣树更多，椰枣年产量高达80多万吨。椰枣还可以加工做成多种蜜饯。

三、中国—阿联酋关系

中国—阿联酋两国人民之间的友谊源远流长。自1984年11月1日两国建交后，30多年来双方不同级别的代表团互访不断，政治、经济、贸易、新闻、文化等各领域的友好合作关系持续加强。两国在国际和地区事务中相互支持，密切合作与协调。2012年1月，中阿建立战略伙伴关系。正如阿联酋已故开国总统扎耶德·本·苏尔坦·阿勒纳哈扬所说的那样："阿联酋和中国人民间的传统友谊历史久远，随着时间的推移，前景将会更加广阔。"

1. 重要的贸易伙伴。阿联酋是中国在阿拉伯世界最大的出口市场和第二大贸易伙伴。2014年，双边贸易额为548亿美元（中国出口390亿美元，进口158亿美元），中国向阿联酋出口机电、高新技术、纺织和轻工产品，从阿联酋进口液化石油气、原油、成品油、铝及铝制品等。2014年，中国从阿联酋进口原油1165万吨，同比增长13.4%。此外，两国在金融、教育、人文等领域的合作富有成果。2012年，双方签署本币互换协议，并就设立中阿共同投资基金签署了谅解备忘录。

2．在阿联酋工作的体会。我从在阿联酋工作期间同各界人士的接触中，深感阿联酋政府官员和各界人士对中国政府和人民怀有深厚的友好情谊。他们眼中的中国是一个伟大的国家，地大物博，人口众多，有着悠久的历史和古老的文明。他们赞赏我国独立自主的和平外交政策和对国际、地区事务的原则立场，钦佩我国经济建设的高速发展和取得的伟大成就，同我国发展各领域友好合作关系的愿望愈趋强烈。有两件事常常浮现在我的脑海，印象深刻。

张志军、刘景玉大使夫妇与阿布扎比王室成员
扎耶德·本·胡扎·本·扎耶德（前排左一）及其堂弟合影（李志平摄影）

一是阿联酋政府积极支持我国上海申办2010年世博会。2002年12月3日，阿联酋新闻文化部次长萨格尔·乌巴希阁下代表阿联酋政府在摩纳哥蒙特卡罗参加确定2010年世博会举办国的投票。结果宣布后，他立即从蒙特卡罗打

电话告诉我："大使阁下，我们投票支持上海，上海取得了 2010 年世博会的举办权。上海的胜出，显示了中国的影响和上海的实力，我们对此表示热烈祝贺。"萨格尔·乌巴希阁下的友好通告充分体现了中阿两国人民的友好情谊和阿联酋对上海申办世博会的积极支持。

　　二是 2004 年 2 月 11 日至 14 日，天津华夏未来少儿艺术团访问阿联酋。在首场演出前，阿联酋开国总统扎耶德之孙、阿布扎比酋长国王室成员扎耶德·本·胡扎·本·扎耶德（当年他仅有 10 岁，是中国保姆带大的，懂中文）代表阿方分别用中文和英文讲话。他说："我从小学习中文，我非常热爱中国，我喜欢长城、喜欢故宫、喜欢中国功夫；我爷爷和奶奶经常教导我，我们要同世界各国人民和平共处，我们要和平、要友谊；我们过去同中国友好，现在友好，将来还要友好，要同中国世世代代友好下去……"小扎耶德的讲话使在场的观众非常感动，反映了阿联酋人民对中国人民的真诚友谊。

（根据 2014 年 3 月 20 日讲座录音整理，有删改）

被遮蔽的"天国"——

叙利亚

主讲人　周秀华

（2002.7—2007.4任中国驻叙利亚大使）

　　我是上海人，17岁由政府派到阿拉伯国家学习阿拉伯语。当时周总理考虑到我国加入联合国需要一批翻译，所以从全国各地调了一批刚毕业的高中生到国外学习。我前后在阿拉伯国家工作了30多年，两度在驻叙利亚使馆任职，第一次是1977年到1983年，在使馆工作了6年，后一次是2002年到2007年被任命为驻叙利亚大使，所以前后加在一块儿，在叙利亚工作了11年，对叙利亚有很深的感情。叙利亚的官员和老百姓都对中国非常友好。我现在先从这个国家的特点给大家讲起。

　　叙利亚在中东地区是相当有影响的一个国家。在中东地区，大家知道有埃及。中东地区有过多次战争，如果没有埃及军队的参加，那中东的战争就打不起来，但是要想中东和平，没有叙利亚就不行，因为叙利亚有它特殊的位置。为什么叫中东呢？最早的时候是欧洲人这样称呼的，他们把离他们近的叫近东，然后中东、远东，所以这块地方就属于中东地区。而叙利亚又处在中东的中心位置：西边就是地中海，它的三个主要港口都靠着地中海；北面是土耳其，东边是伊拉克、伊朗；西南面是约旦、巴勒斯坦和以色列，红海西面是埃及，约旦的南面是沙特，所以叙利亚正好在阿拉伯国家的中心位置。伊朗和叙利亚可以通过土耳其边境或者是伊拉克边境相通，两国形成一个战略中心。伊朗、叙利亚、黎巴嫩真主党就形成了一个中东反美轴心，所以"9·11"之后美国就将伊朗定为恐怖主义国家，叙利亚为支持恐怖主义国家，这也是美国一定要搞垮叙利亚政权的一个相当重要的原因。叙利亚和邻国伊拉克虽都是复兴党执政的国家，但因复兴党分成两派，所以两国矛盾很深。在两伊战争中，就是伊拉克和伊朗打仗的时候，叙利亚不支持伊拉克，反而支持伊朗。叙利亚在阿拉伯国家当中是唯一支持伊朗的国家，因为伊朗不是阿拉伯国家，是波斯国家，可见叙利亚和伊拉克两国的矛盾一直是很深的。叙利亚与南边的以色列，在几次中东战争中一直互为敌人，多年来叙利亚跟以色列还是处于交战的状态。叙利亚同南边的沙特长期不合，因为执政党的教派不一样：叙利亚是伊斯兰教里面的什叶派掌权，而沙特是伊斯兰教里边的逊尼派掌权，两派宗教矛盾很深。

　　叙利亚跟黎巴嫩的关系很特殊。历史上约旦、黎巴嫩、叙利亚和巴勒斯坦这一片区域叫新月地带，英国撤出的时候也没把边界划分得特别清楚，叙利亚在当时就把部队派到黎巴嫩，多年来左右着黎巴嫩国内的局势，左右着它的政治力量。一直到1976年，叙利亚部队驻军已有29年了，阿拉伯国家反应很大。后来黎巴嫩的前总理哈里里遇刺了，当时有个说法是叙利亚干的，但是一直到现在这个问题也没搞清楚。阿拉伯国家对叙利亚施加了强大的压力，阿拉伯联盟也采取了措施，在这种情况下叙利亚把部队全部撤出了黎巴嫩。这就是叙利亚跟黎巴嫩的关系。

北边的土耳其，是这个地区的大国，它背后有美国和北约的支持。大家知道，有一些叙利亚政府反对派就在土耳其和叙利亚的边境上，有的有武装，所以叙利亚就处于这样一种环境当中，非常险恶，它对中东形势的影响和作用也是比较大的。俄罗斯为什么支持叙利亚？俄罗斯跟叙利亚在中东是战略合作伙伴关系，因为叙利亚是俄罗斯传统的盟友。叙利亚复兴党的纲领和宪法里面有一条受到俄罗斯的影响，强调叙利亚是人民民主的社会主义国家，早年还派了很多干部到俄罗斯去学习。同时俄罗斯在叙利亚地中海边上的塔尔图斯港建有军事基地，这是俄罗斯在地中海沿岸唯一的一个军事基地。俄罗斯的军舰从北边直接下来就可以到这里加水、加油，要没有这个军事基地，俄罗斯就没有出海口。这就是叙利亚的特殊的地理位置。

下面我给大家讲叙利亚的另外一个特点。叙利亚是具有悠久历史和古老文明的国家，它和我国一样有五千多年的历史。在旧石器时代，就有人在那里定居。古代的叙利亚人搞航海、捕鱼，创造了阿拉伯—伊斯兰文化，所以它有古老的文明。我们知道，在两千年前中国有一条丝绸之路，这条丝绸之路是中国人民的骄傲。这个时候我们从西安出发，越过新疆，进入西域。这条古丝绸之路经过叙利亚的帕尔米拉——叙利亚中部的城市，经过哈勒颇、大马士革，北上到达欧洲。这条陆地丝绸之路，其中的一段就是这么走的。这条古代的丝绸之路，大家知道，在中西文明交流史上做出过重大的贡献，现在在帕尔米拉的博物馆里面，仍然保留着中国古代的丝绸，我们有重要代表团去的时候，他们会给我们看。这种丝绸在中国很少见，但在那里保存得很好，非常完整。中国古代的造纸术、印刷术都传到了这些阿拉伯国家，然后从这些阿拉伯国家往北传到了欧洲。从阿拉伯国家传到中国的有香料。阿拉伯人非常喜欢香料。薰香，包括龙涎香、玫瑰香精等，这些东西都传到了中国，所以我们讲叙利亚不光有悠久的历史和古老的文明，而且跟中国的关系源远流长。这是它的一个特点。

台达穆尔古城遗址

再一个特点，叙利亚是阿拉伯世界的五个粮食出口国之一，这块地方有一些平原，有一些两河流域的河谷。两河指从土耳其经叙利亚然后到伊拉克的底格里斯河和幼发拉底河，那里有大片平原，产小麦、棉花，它的棉花是中长纤维的棉花。我们从那儿进口过棉花，质量不错。小麦的品种也很多，也有出口。另外，山地上面种了很多水果，如樱桃。叙利亚还种橄榄，大片大片的橄榄，产的橄榄油是比较好的油种。意大利本土没那么多橄榄，实际上就是从叙利亚进口橄榄，然后在意大利加工，做成意大利品牌的橄榄油。这是它的另一个特点。

当然，叙利亚的工业基础比较薄弱，我们中国帮它建了纺织厂，德国也帮它建了纺织厂。因为长期处于战争状态，我们还帮它建了枪弹厂。叙利亚有石油和天然气，还出口一部分原油。我 1977 年第一次去叙利亚，当时叙利亚老百姓还是安居乐业的，他们的住房条件也不错，国家还给他们很多补贴，医疗、教育等，国家都管。2002 年我又回到叙利亚当大使，发现他们的变化不大，房子还是原来的老房子，还停留在 1977 年的水平，可见国家没怎么发展，老百姓的生活水平还停留在过去。

下面要讲到叙利亚的政治体制。叙利亚是一个伊斯兰教的国家，是阿拉伯国家的一部分；执政的是复兴党，复兴党是它的社会和国家的领导核心；伊斯兰教是立法的主要依据；总统是国家元首又是三军总司令。大家知道，叙利亚的老总统叫阿萨德。阿萨德是军人出身，一直打仗，又当了多年的总统。老总统的长子在军队里锻炼了多年，建立了很深的基础，但很不幸在一次车祸中死了，老总统没有办法，不得不把他第二个儿子，就是现在的总统巴沙尔叫回来接班。巴沙尔当时在英国当眼科大夫。2000 年 6 月 10 日老总统病逝，当时巴沙尔只有 34 岁，是不可以接班的，因为叙利亚的宪法规定 40 岁才有资格当总统。那怎么办呢？叙利亚的议会马上召开紧急会议，把宪法规定的总统接班人年龄从 40 岁降到 34 岁，实现了巴沙尔接班当总统。巴沙尔现在已经连任两任总统了，比较成熟。叙利亚有议会，也有政党，还有全国进步阵线。进步阵线也是在复兴党领导下的，是统战性质的。总统所依靠的除了复兴党之外，重要的就是阿拉维派。阿拉维派是穆斯林什叶派里面的一个分支，叫阿拉维派，主要在拉塔基亚附近的山村一带，是总统的家乡。这个地方过去比较穷，人们以种植、打猎为生，后来阿萨德上台后掌握了军队，掌握了复兴党，就把这些阿拉维派的年轻人都调到军队里来。因为他们出身比较穷苦，所以当兵作战勇敢，这样阿拉维派就成了军队的主力。为什么叙利亚的军队不乱，就是这个原因，都是阿拉维派的人掌权。这是他执政的一个重要基础。叙利亚还有一个少数民族叫德鲁兹，在南边，当时阿萨德总统对德鲁兹人很好，让他们生活各方面都很安定。德鲁兹人认为他们最早的祖先是在中国的青海，所以他们跟我们的关系非常好。据说西汉的时候，有一些中国人由于种种原因就留在叙利亚等地了，帮他们搞纺织，搞印刷，后来就跟当地人通婚了。德鲁兹人是小眼睛小鼻子，阿拉伯人都是大眼睛大鼻子，所以说他们像中国人。他们跟总统的关系也非常好，也是支持总统的一股势力。

还有一股势力就是逊尼派的部分工商界人士，他们也是长期跟总统合作的，这部分人也支持现在的总统。现在我要跟大家说说这个复兴党。复兴党是一个泛阿拉伯的政党，成立比较早，党章中规定它是民族主义和社会主义的政党，任务是复兴阿拉伯民族，建立一个统一的阿拉伯社会主义国家，对外主张反对帝国主义、反对殖民主义、反对以色列犹太复国主义，遵循不结盟的政策，对内实行国有化和土地改革等政策。他们有地区领导，还有民族领导，地区领导是管自己国家的，民族领导是管整个阿拉伯地区的。复兴党从上到下，从中央到基层，这套系统是很完整、很严密的，入党也有很严格的程序。叙利亚的老百姓为什么对政府还是比较拥护呢？因为政府对基本的生活物资如面包、糖什么的都有补给，小孩上公立的学校是免费的，在公家的医院看病基本上不收费，本国的老百姓生活有保障。当然有很多私人医院、私人学校，条件也很好。有能力的人通过接受高等教育就留在了欧美国家。叙利亚人的文化水平比较高，有一部分人就到海湾地区当老师，收入比较高，然后他们把这些侨汇再汇回国内供家人生活，因此侨汇也成了叙利亚的一种经济来源。我给大家举个例子，我们中国援建叙利亚的有水坝、有纺织厂，项目建成后我们都给他们培训本国的技术骨干，这些人回去以后，相当一部分就不在本单位干了，因为他们有技术了就到外头去找更好的工作去了。

至于我们两国的关系，我们是 1956 年建交的，叙利亚是阿拉伯国家中最早跟我们建交的三个国家（埃及、叙利亚、也门）之一，建交以后我们双边的关系发展很平稳，我国许多重要领导人都访问过叙利亚，叙利亚的总统巴沙尔在 2004 年曾带着夫人来中国访问，另外他们复兴党的其他许多领导人都到访过中国。我们两国之间有良好的政治关系、经济关系、军事关系，文化合作每年不断。叙利亚的老百姓对我们特别有感情，因为自古代丝绸之路开通后，他们就了解了中国。他们称茶叶为"中国"，瓷器也叫"中国"。他们古代还有个习惯，就是当女儿出嫁的时候，妈妈要给女儿陪送一对中国的瓷瓶，而且是大的瓷瓶。在叙利亚，比较有地位的人家都有这个习惯。我到叙利亚的大家庭里去，都能看到中国古代的大瓷瓶，保存得很好，到女儿出嫁的时候妈妈把这个瓷瓶送给女儿。另外，在叙利亚的一些老的饭店里，老房子四周的墙壁上面也能看到中国古代的青花瓷盘，这就是叙利亚老百姓对中国的感情。我们车子在路上抛锚了，很多老百姓就上来要帮助你，他们会主动帮你把车子拉走，拉到你要去的地方，或者把你送走，给你提供很多的帮助。你有困难的时候，人家都会帮你，这说明我们两国人民的友谊源远流长。历史上，成吉思汗曾打到了叙利亚和伊拉克边上，从那儿俘虏了一些人，并带回中国，这就是中国早年的伊斯兰教中有一些回民的原因。他们留在了西安、甘肃那片地区。

生活物品

下面我给大家讲讲叙利亚的乱局。从 2010 年年底开始，出现了"阿拉伯之春"。"阿拉伯之春"是从突尼斯开始的，突尼斯、埃及、利比亚、也门、叙利亚这些国家统统卷进去了。年轻人示威游行，要求民主、自由、改革。受突尼斯、利比亚、埃及等国的影响，叙利亚 2011 年年初出现了示威者，要求政治改革，要求结束国家紧急状态，3 月 6 日发生了叙利亚的安全部队和示威群众的冲突，3 月 15 日发展到几千名示威者游行。从大马士革北部的哈勒颇，再到北部的得尔祖尔、哈马等，整个这一片都出现了示威游行，逐步扩展到了全国多个城市。在这种情况下，叙利亚的安全部队就和民众发生了流血冲突，3 月 30 日巴沙尔总统第一次公开讲话，他指责国外势力造成了叙利亚的动荡。4 月 14 日他就改组了政府。4 月中下旬的时候，示威游行的群众公开提出要求巴沙尔总统下台。巴沙尔总统很快废除了国家紧急状态法，民众有了示威游行等权利。4 月 29 日联合国开会通过了叙利亚问题的有关决议，谴责叙利亚政府动用暴力，提出要派遣调查小组到叙利亚，联合国开始到叙利亚进行调查。4 月底巴沙尔总统承诺要进行全面的改革，但与此同时，游行示威对政府的围攻逐步升级，特别是在哈马这座城市。尽管政府宣布要搞多党制，要进行各方面的改革，可示威的人越来越多。8月份，美国总统奥巴马签署了一项法令，冻结叙利亚政府在美国管辖内的所有资产，禁止美国公民到叙利亚去投资，紧跟着英国、法国、葡萄牙、德国也都提出针对叙利亚的制裁草案。到11月份的时候，阿拉伯国家联盟中止了叙利亚的阿盟成员国的资格。联合国安理会也在日内瓦召开叙利亚问题特别会议，对叙利亚的人权形势提出了质疑。到2012年1月下旬的时候，叙利亚爆发了大规模的反政府的示威，要求巴沙尔下台，同时因为反政府的力量越来越大，在国外的势力就组成了反政府的多种组织。大家知道，自由军就在叙利亚和土耳其的边境上，有些组成反政府的武装组织，如自由军，由欧洲给他们武器，阿拉伯国家的沙特、卡塔尔也给他们提供一些资助，土耳其给他们提供地盘进行反政府的活动，2012年2月21日，欧盟和美国在突尼斯召开了一个会议，叫"叙利亚人民之友"，将叙利亚的问题国际化了，就是要巴沙尔总统下台，承诺支持叙利亚的反对派。2012年的3月15日，奥巴马和英国首相就明确表示支持反对派，联合国这个时候也派出一个特使，就是前任安理会秘书长安南来调解，美国的航空母舰也开始向叙利亚这边靠拢了。到了2013年，俄罗斯也开始向叙利亚输送反舰导弹，形势骤然紧张。2013年7月，埃及新总统上台一周年，突然被军政府给推翻了。这个事情一发生，美国、欧洲就赶紧去解决埃及的问题，叙利亚有了一个喘息的机会，就开始镇压这些反政府的力量。等埃及的形势稍微缓和之后，西方又转过头来搞叙利亚的政权。8月21日在叙利亚的首都郊区爆发了疑似化学武器的袭击事件，西方和反对派咬定是叙利亚政府军干的，政府军说化学武器是反对派搞的。政府军和反对派相互指责，一下子风云突变，美国的多艘航空母舰都朝这儿驶来，然后在约旦又给反对派提供了很多武器，在土耳其边境又给自由军提供了好多装备，反对派的装备一下子就变得很先进了，坦克也用上了，叙利亚问题一下子就又突出了。奥巴马又提出要国会授权，只要授权就对叙利亚动武。普京跟奥巴马马上进行了会晤：如果巴沙尔能够按时将化学武器交给国际社会，就可以避免武装介入。俄罗斯的外长就和叙利亚商量，叙利亚的外长立即表态，说采纳俄罗斯的建议，愿意将化学武器交给国际社会。

叙利亚的外长代表叙利亚政府表示愿意采取俄罗斯的建议，俄罗斯也向美国递交了解决叙利亚问题的方案，叙利亚的局势又稍微出现了一些转变。巴沙尔总统表示只要美国打消攻击叙利亚的念头，停止给反对派提供军备，他愿意落实俄罗斯提出的交出化学武器的方案，同时叙利亚向"禁止化武组织"提交了文件，申请加入，明确表明叙利亚是成员国，遵守成员国协议。9月14日美国和俄罗斯达成了销毁叙利亚化学武器的框架协议，同意到2014年中期清除和销毁在叙利亚的全部化学武器，巴沙尔也同意这项协议。美国又表示必须尽快召开第二次日内瓦中东和平会议，让叙利亚的政府和反对派组建一个过渡政府，再选出一个总统来。叙利亚的反对派提出巴沙尔总统不下台就不去开会，所以这个问题就又僵在这儿了。但是销毁化学武器问题的进展还是比较顺的，叙利亚向海牙国际"禁止化武组织"呈交了叙利亚拥有化学武器的详细资料，而且海牙国际"禁止化武组织"也派了他们的调查小组直接到叙利亚开展工作，他们表示叙利亚政府还是比较配合的，进展还比较顺利。

叙利亚的反对派和埃及、利比亚及突尼斯反政府组织有很大的差别，反对派很分散，在国内也有协调机构。这个协调机构比较温和，主张通过和平方式改革。反对派主要的武装力量都在境外，从境外往国内打，在国内搞爆炸。老阿萨德总统曾经对哈马搞过一次非常严厉的镇压，反对势力都逃到境外去了，所以叙利亚的反对派组织基本都在国外，不像埃及。

叙利亚动乱，有很深层次的国内原因和国外原因。国内是专制统治。老阿萨德以前是空军司令，后来他发动军事政变，自己上台当了总统，之后又让他的儿子巴沙尔掌权当总统，这个家族掌握了国内主要的经济命脉，体制僵化，政府腐败，导致国民经济停滞不前，失业率居高不下，人民生活贫困，贫富差距非常显著。叙利亚石油不是很多，但是人口的增长很快。经济要跟不上，人民生活水平就必然下降。这是国内原因。外因上面来讲，全球的金融危机当然也加剧了阿拉伯世界的金融困难，加剧了叙利亚的困难。叙利亚是个旅游业发达的国家，有古罗马遗址。大马士革城，据说是压在七个城市的古迹之上。近年来旅游业也不景气，这样的话就激化了叙利亚的社会矛盾。还有一个外因是现代移动通信技术和互联网起了推波助澜的作用。在互联网上一号召，老百姓都去游行示威了。

大家知道，美国很早就有一个"大中东"的计划。这跟美国的全球战略是统一的，要越过中东，然后向远东、向中国推进，要以西方的民主模式对阿拉伯世界进行改造，推翻反美政府，建立亲美的政权，全面控制中东，其中重点就是伊朗、叙利亚这些反美国家。在"9·11"事件之后，美国就转向了以反恐为主要目标，这样中东也成为美国反恐的重要地区，所以在突尼斯、埃及、也门政府相继被推翻之后，就转向叙利亚。美国觉得巴沙尔只是个眼科大夫，年纪也轻，而且是个文人，估计没多大根基，没想他一直没下台，而且俄罗斯、伊朗都坚定地支持他。美国本来想把叙利亚推倒了之后搞伊朗，把伊朗这块大骨头啃下来，结果没啃动，美国国内也出了不少事情，反战的势力也在增加。

现在谈谈我们中国的立场。中国十分关注当前中东地区形势的变化，中东地区民众的自主和变革的意识在上升，地区的热点在升温，恐怖势力加紧渗透，这样传统安全与非传统安全就互相联动了，使中东局势更加复杂，也更加脆弱，给全球带来了更加严峻的挑战。中东局势的发展关乎我们的战略利益，特别是在中国的战略机遇期，我们要求国际上的稳定，要求中国周边的稳定。我们对中东的形势深表忧虑，我们呼吁有关各方特别是叙利亚的有关各方要立即停火止暴；我们支持日内瓦会议，支持政治解决叙利亚问题，希望有关各方都能够开启包容性的政治对话；我们对于任何能被叙利亚各方普遍接受的政治解决方案都持开放的态度，也希望国际社会有关各方发挥积极的和建设性的作用。

（根据 2013 年 11 月 21 日讲座录音整理，有删改）

走进一个别样的

黎巴嫩

主讲人　刘志明

（2006.11—2010.12 任中国驻黎巴嫩大使）

　　我讲座的题目叫作"走进一个别样的黎巴嫩"。什么是"别样的黎巴嫩"呢？这里有两层意思。第一层意思，一般人们都认为，黎巴嫩是个战乱的国家，一提到黎巴嫩，就想到战火纷飞。但实际上这个国家还有另一面，有它多彩的一面、吸引人的一面。第二层意思，是说黎巴嫩是个阿拉伯国家，但它跟别的阿拉伯国家不一样。

刘志明大使（左）

　　一提到黎巴嫩，咱们中国人首先想到的就是：这是一个饱经战乱的国家。2006年我被任命为驻黎巴嫩大使后，几乎所有熟人见到我都会对我说："哎呀，你要去那儿了，注意安全啊。"因为当时黎以冲突刚结束不久，大家都还有个深刻印象：黎巴嫩是个刚打过仗的国家，比较危险，比较乱。确实，黎巴嫩几十年来经历了太多的战争和动乱。先是1970年巴勒斯坦领导人阿拉法特和他所率领的巴勒斯坦武装人员，被当时的约旦老国王侯赛因从约旦赶到了黎巴嫩。从那以后，巴勒斯坦游击队不时以黎巴嫩为基地，袭击以色列。以色列也一次次地进行报复，反复入侵黎巴嫩，1982年差一点儿打进黎巴嫩的首都贝鲁特。也就是在那次入侵之后，阿拉法特和他率领的巴勒斯坦游击队，被迫离开了黎巴嫩，把巴勒斯坦解放组织的总部迁到了突尼斯。也就是在那一年，黎巴嫩真主党成立，得到了伊朗的大力支持和援助。真主党现在势力很强，它武装力量的实力，甚至超过了黎巴嫩国家的军队。真主党的武装听真主党的指挥，不听国家的指挥。所以有人说，真主党在黎巴嫩是"国中之国"。真主党说，他们之所以保留这股武装，是为了对付以色列。以色列不断侵略他们，他们只有武装起来进行反抗，没有别的选择。所以真主党又自称抵抗运动。以色列也以消灭真主党武装为名，不断入侵黎巴嫩，一直到2006年爆发了持续34天的黎以冲突。大家知道，这场冲突爆发的原因，是真主党越过边界线，绑架了两个以色列士兵。以色列就对黎巴嫩进行了长达34天的狂轰滥炸，并且向黎巴嫩派出了地面部队。黎以战争是2006年8月份结束的，我于当年的11月份到任。我到任以后看到黎巴嫩满目疮痍，全国所有的桥梁都被炸断了。但是，过去以色列打阿拉伯国家，几乎是每打必胜，而且每次都是速战速决。1948年第一次阿以战争，是许多阿拉伯国家联合起来打以色列，仍然没有取胜。1967年的第三次中东战争只打了六天，阿拉伯国家就丧失了大片土地。可是这一次，以色列面对的只是小小的黎巴嫩中的一个党派的武装，但它居然没有获得全胜，没有能够对真主党武装造成重创。

真主党的总部位于黎巴嫩首都贝鲁特南郊，离我们使馆大约一公里。我刚到任时曾到真主党总部外面看过。听说那里原来是座十多层的大楼，经以色列的飞机反复轰炸，居然成了一个大坑。照说，楼炸没了，起码应该有瓦砾吧，但什么都没有了。因为以色列反复炸这座大楼，结果把这个楼全炸成了粉末，粉末随风飘散，只留下了一个大坑。即使这样炸，以色列也没有对真主党造成伤筋动骨的打击。真主党把它的总部转移了，它的武装力量能藏的都藏起来了。战争结束后，真主党反而因为英勇抵抗以色列而名声大噪，在黎巴嫩的政坛上进一步坐大了。2006年的黎以冲突之后，黎巴嫩政坛上以真主党为首的反西方势力和各种亲西方势力之间的政治斗争依旧十分激烈，包括爆炸、暗杀、枪战在内的各种突发事件不断发生。即使是在黎巴嫩首都贝鲁特的大街上，坦克、装甲车和全副武装的军警也四处可见。

但是，就像我一开始讲的，这并不是黎巴嫩的全部。我今天就想给大家介绍一下咱们中国人平常看不到和听不到的黎巴嫩的情况，带大家走进一个"别样的黎巴嫩"。我尤其想告诉大家的是，黎巴嫩绝不只是个战乱国家，它还是一个非常独特的国家，甚至是一个迷人的国家。

它独特在什么地方呢？首先，无论从地理上讲，还是从人种学上讲，黎巴嫩都是一个阿拉伯国家。但是阿拉伯国家普遍一是沙漠多，二是严重缺水。可是黎巴嫩既没有沙漠，也不缺水，它恐怕是唯一一个这样的阿拉伯国家。其次，阿拉伯国家普遍以伊斯兰教为国教，绝大多数的居民都信奉伊斯兰教，可是黎巴嫩不以伊斯兰教为国教，而且黎巴嫩的总统是基督徒。

说到这里，我不能不简单地向大家介绍一下黎巴嫩的历史。第一次世界大战结束之前，黎巴嫩和叙利亚都是奥斯曼帝国的一部分，同属于一个行省。这个行省的首府，就设在现在的叙利亚首都大马士革。第一次世界大战结束后，庞大的奥斯曼帝国（版图非常庞大，不但包括现在的土耳其和欧洲的一部分，而且包括现在许多阿拉伯国家）解体了，包括现在的叙利亚和黎巴嫩在内的这个行省，就由当时的国联——相当于现在的联合国，交给法国托管。后来法国人于1943年离开时，黎巴嫩成为一个独立的国家。大家从这个地图上可以看到，黎巴嫩只有两个邻国，北面及东面是叙利亚，南面是以色列，西边是地中海。这种特殊的地缘政治环境，注定黎巴嫩难以安生。以色列自不待言，它是包括黎巴嫩在内的不少阿拉伯国家的敌人。在这次叙利亚内战爆发之前，总有一些叙利亚人想吞并黎巴嫩。他们认为黎巴嫩在奥斯曼帝国时期曾经是叙利亚的一部分。确实，从版图上来讲，黎巴嫩和叙利亚，过去都是奥斯曼帝国同一行省的一部分，但很难说这个行省的这一部分从属于它的另一部分。因此，说黎巴嫩过去是属于叙利亚的，未必准确。

毫无疑问，法国在黎巴嫩独立的过程中，特别是在推动黎巴嫩走上后来它所走的道路方面扮演了重要的角色。依我的看法，法国是想在以伊斯兰教为主的阿拉伯世界开一个基督教的天窗。而且当时法国是有这样做的条件的，因为当时黎巴嫩的居民是以基督徒为主的。法国的想法，是要让黎巴嫩这个新的国家按照西方的模式来运转，推行西方民主，实行市场经济，成为中东阿拉伯国家的一个样板。这就使得黎巴嫩从诞生之日起，就不同于其他中东的阿拉伯国家。它的居民构成、基本政治和经济制度都与其他阿拉伯国家不一样。由于它实行的是所谓西方民主，搞所谓自由选举，所以黎巴嫩从来没有出现过像伊拉克的萨达姆、利比亚的卡扎菲、埃及的穆巴拉克和也门的萨利赫那样一上台就统治几十年的独裁者。但是，随着时间的推移，从

1943 年到现在，几十年下来，黎巴嫩的人口构成发生了很大的变化。据说，穆斯林居民在黎巴嫩已经占了总人口的 60%。我之所以说"据说"，是因为多年来黎巴嫩官方始终不愿再进行人口普查。因为如果进行人口普查，有可能引发有人要求再次进行权力分配。大家知道，黎巴嫩各派，主要是穆斯林和基督徒之间，从 1975 年到 1990 年，打了 15 年的内战。内战的导火索是巴勒斯坦人，特别是巴勒斯坦的武装人员从 1970 年起进入黎巴嫩，和黎巴嫩的基督徒武装起了冲突。但是内战的根本原因，依我看，恐怕还是黎巴嫩的人口构成发生了重大的变化，而这种变化要求重新进行权力分配。我刚才讲了，经过 15 年的内战，黎巴嫩各派于 1990 年签署了重新分配国家权力的《塔伊夫协议》（塔伊夫是沙特阿拉伯的一个地方，黎巴嫩各派就是在那里签署这个新协议的）。按照新的权力分配方案，黎巴嫩总统，仍然由基督徒担任，而且必须由天主教徒中的马龙派人士担任；总理必须由逊尼派穆斯林人士来担任；国会议长，则必须由什叶派穆斯林人士担任；而副议长和副总理，则由东正教基督徒担任。内阁各个部长职位也是按教派来分配的，在总的部长人数中，基督徒占多少、穆斯林占多少，基督徒当中的天主教教徒占多少、东正教教徒占多少，穆斯林中的逊尼派占多少、什叶派占多少，都有明确的规定。担任这些职位的人可以变，但各教派在权力分配中所占的比例不能变。议会席位也按教派分配，基督徒和穆斯林议员各占一半。因此，尽管这次权力的再分配，在一定程度上削弱了基督徒在黎巴嫩的权力，但是在阿拉伯国家中，黎巴嫩仍然是基督徒权力和影响最大的国家。此外，黎巴嫩受基督徒影响，生活方式相对开放。在黎巴嫩，夜总会是合法的，喝酒是合法的，酒是可以随便买卖的，这在许多阿拉伯国家是不行的。黎巴嫩只有 400 万人口，居然有 18 个教派。各宗教派别的领袖，在各自的信徒中拥有很大的影响和号召力，在国家政治生活中也发挥着重要的作用。在国家举行重要活动的时候，他们都被安排在十分显眼的位置上。比如说，我们使节经常去总统府、总理府参加各种宴会。在这种场合，举目望去，在主桌上就座的相当一部分人是各宗教派别的领袖，每个人的服装和头饰都不一样，五颜六色，俨然成了黎巴嫩官方举办重要活动时一道亮丽的风景线。但是，黎巴嫩并不是一个像伊朗一样的政教合一的国家。政教合一的国家，国家的事情最后要都由宗教最高领袖说了算，但黎巴嫩的宗教教派太多，宗教领袖也太多，他们只能在各自的教派里说了算,任何一种宗教在全国都不是国教,都不占统治地位。加上黎巴嫩实行新闻自由,各个宗教和政治派别都有自己的宣传工具,都有自己的报纸甚至电视台。也许正是因为如此,黎巴嫩的新闻业很发达。长期以来,黎巴嫩的首都贝鲁特始终是中东的新闻中心。而且,黎巴嫩的政治、宗教、新闻、文化都是多元的。这种多元性,是黎巴嫩不同于其他阿拉伯国家的又一重要特色。此外,这个国家搞自由经济,国家和政府对经济事务管得比较少,主要靠市场自己运转。由于黎巴嫩教派众多,每次组成新政府的过程都非常艰难,往往一拖就是半年、一年甚至更久。但是在此期间,国家和社会照常运转,好像有没有政府对国家和社会都没有太大的影响。在所有的阿拉伯国家当中,黎巴嫩在各个方面恐怕都是最开放的,西化程度也是最高的。黎巴嫩与西方在各方面的联系上也很紧密。西方对黎巴嫩的事情很关心,投入也相当大。比方说在联合国,如果以国别而论,联合国就一个国家通过的决议,数黎巴嫩的最多。毫无疑问,是因为西方关注黎巴嫩事务。应该说,到现在为止,西方关心的事情才更会被联合国所关注和讨论。那么,西方为什么这么关心黎巴嫩呢?究其原因,一是在阿拉伯国家中,黎巴嫩的基督徒占总人口的比例可能是最大的,信奉基督教的西方国家关心这些基督徒。二是黎巴嫩实行西方民主制,搞市场经济,奉行西方所说的新闻自由,因此西方认为,黎巴嫩是中东唯一的"民主亮点",西方千方百计要维护这个样板,打压推着黎巴嫩向别的方向走的力量。

黎巴嫩另外一个独特的地方,就是它面积很小,只有1万多平方公里,跟我们北京市的面积差不多,而且没有任何的自然资源。我前面说过,与其他阿拉伯国家不同,黎巴嫩没有沙漠,不缺水,但它既不产石油,也不产天然气,甚至连粮食都不能完全自给,而且几乎没有工业。它所谓的工业,就是产点葡萄酒、巧克力,加工点橄榄油,以及用橄榄油加工些肥皂、香皂什么的。黎巴嫩的橄榄树很多,还大量产水果,特别是樱桃,质量非常好。这就是黎巴嫩能够生产的几乎全部东西了。但是黎巴嫩的人均产值现在已到1万多美元。在我2010年离任的时候,黎巴嫩的人均产值是我们的两倍。在众多阿拉伯国家当中,它的人均产值排第七位。这是什么概念呢?大家不要忘了,在阿拉伯国家当中,生产石油和天然气的国家很多,比如卡塔尔,人均产值在世界上都能排进前三位。沙特阿拉伯是世界上数一数二的石油生产国。

科威特、阿联酋、伊拉克、利比亚、阿曼这些国家的油气资源和产量都非常大，因此人均产值也都非常高。可能伊拉克和利比亚因为战争的关系，现在人均产值比不上黎巴嫩。除了几个盛产石油的富国外，黎巴嫩的人均产值在阿拉伯国家中是最高的。我在黎巴嫩当大使的时候，黎巴嫩人时常向我们寻求援助。我经常给他们讲，确实，黎巴嫩不如中国强，但是黎巴嫩人要比中国人富得多。中国是世界第二大经济体，但中国的人均产值只有他们的一半。那么，大家可能要问：黎巴嫩没有资源、没有工业，人均产值为什么那么高呢？这就是黎巴嫩另一个独特的地方。我讲的"别样的黎巴嫩"，其中一个重要的含义就是：黎巴嫩人赤手空拳打拼，日子过得不错。

黎巴嫩的经济主要是靠第三产业，第三产业占到国民经济的 70% 甚至更多。这种情况在发展中国家恐怕是很少的。黎巴嫩的经济主要靠四大支柱支撑：一是商贸，二是金融，三是旅游，四是侨汇。黎巴嫩的首都贝鲁特，曾经号称"中东小巴黎"，长期是中东的商贸中心和金融中心。黎巴嫩打了 15 年的内战，中东商贸中心的地位逐步被阿联酋的迪拜取代了。但是黎巴嫩全民经商的传统没有改变。黎巴嫩人有经商的天赋，特别善于在流通领域施展拳脚。不少非洲国家的商贸，都掌握在黎巴嫩人手中。我们国内很多人不知道这个情况。我们的广交会每年都接待大批的黎巴嫩商人，浙江的义乌小商品批发地，也接待大量的黎巴嫩人。这些黎巴嫩人在中国买了东西，不光是到黎巴嫩卖，而且在全世界卖。黎巴嫩人就像一群小蜜蜂，在全世界飞，就像小蜜蜂到处传授花粉一样，从事商品流通行业。大家不要小瞧蜜蜂所起的授粉作用，一个地方没有了蜜蜂，农产品的产量就会下降。黎巴嫩人在全世界就起着这种作用。我举一个例子，中国银联就是通过一家黎巴嫩的公司打进了包括埃及、伊拉克等在内的 21 个国家的市场，中国银联发行的银联卡得以在这些国家使用。大家也许会问，黎巴嫩人为什么会有这种能力？我那个时候也感到疑惑。但是，事实就是如此，黎巴嫩人就有这个本事，不依靠他们，可能就进不去这个市场，或者还要等一段时间才能进得去。因为他们关系广，懂窍门。黎巴嫩时任总理小哈里里曾经亲口对我说："中国人现在好像对产石油的国家很感兴趣，你们别看我们黎巴嫩不产石油，但是中东那些产油国石油公司的经理，很多都是黎巴嫩人。"他并不是吹牛。我前面讲了，阿拉伯联合酋长国的迪拜已经取代贝鲁特，成了中东的商贸中心，但是阿拉伯国家商会联合会的总部，至今仍然设在贝鲁特。由于内战的原因，贝鲁特的中东金融中心地位现在也已逐渐被巴林取代了，但是阿拉伯国家银行联合会的总部仍然设在贝鲁特。黎巴嫩的金融业仍然十分发达。

旅游业是黎巴嫩的第三大经济支柱。这是因为黎巴嫩的景色优美，气候宜人，古迹很多，而且美食诱人。先说气候。我是2006年11月份到任的，整整一个月，没有看见天上有一丝云。黎巴嫩夏天最热的时候，也很少超过三十五六摄氏度，而且那里是地中海气候，有点阴凉就凉快。地中海气候有个特点：夏天一滴雨都不下，雨都在冬天下。所以夏天特别适合旅游，适合下海游泳、在沙滩晒太阳。冬天也不冷。我在那儿待了4年，冬天也没有穿过毛裤，最多穿一条秋裤。黎巴嫩历史上遭受过的侵略比较多，先后被埃及、亚述帝国、巴比伦帝国、罗马帝国、阿拉伯帝国和奥斯曼帝国占领过，后来又被法国人托管了几十年，每一个时代都留下了一段历史，都留下了某些历史遗迹。特别值得一看的，就是罗马时代建成的巴尔贝克古庙和腓尼基时代的比布鲁斯古城，这些都是世界文化遗产。在比布鲁斯发现过一块碑，据他们讲，这是人类最古老的文字，是七千多年以前，由现在的黎巴嫩人的祖先——腓尼基人发明的。很多中国人都知道金字塔，金字塔在世界上是很有名的。同时，很多中国人也都知道希腊的雅典卫城，但是很少有人知道黎巴嫩的巴尔贝克古庙。我没有去过雅典卫城，但我在黎巴嫩使馆的同事，有人去过这两座神庙，对它们进行了比较。他们告诉我说，那个赫赫有名的雅典卫城，跟巴尔贝克古庙相比，简直是小巫见大巫。一位黎巴嫩教授告诉我说，埃及的金字塔，最大的一块石头重50吨。当年生产力那么低下，把50吨的石头搬上去、垒起来，盖成金字塔，已经很不容易了，但是大家知道吗，巴尔贝克的古庙里，最大一块石头重近千吨，而且现在仍然摆在那里。当时那个年代，这么大的石头是怎么加工和移动的，真是难以想象。

除了气候和名胜古迹外，黎巴嫩吸引游客的还有它优美的环境和景色、漫长的海岸线和大量的海滨浴场，而且黎巴嫩虽说是在中东，但那里可以滑雪。据说，黎巴嫩是世界上唯一一个可以在同一天先到山上滑雪，滑完雪以后再开车到海里游泳的国家。因为这个国家很窄，宽只有50公里，所以可以在同一天先开车到山上滑雪，再开车到海里游泳。再就是，中国人很少知道，黎巴嫩还是个生产美酒——高质量葡萄酒的地方。黎巴嫩有大量的葡萄园，土壤也很适合种葡萄，加上那里夏天一滴雨不下，阳光充足，所以葡萄的含糖量很高，产出的葡萄酒质量很好。我曾经三次在驻法国使馆工作，在欧洲总共待过12年，加之外交场合喝酒的机会比较多，所以我对红葡萄酒略知一二。我到黎巴嫩任职以后，在超市看到有很不错的法国葡萄酒卖，我就告诉有关的同事买几瓶回去，以便使馆在宴请外宾时使用。买回去以后，我把买到的法国酒和与它价格相当的当地产的葡萄酒比较了一下，发现还是黎巴嫩产的酒质量更好一些。黎巴嫩吸引游客的，还有一个重要的东西，就是它的美食。法国曾经在中东、北非统治过不少阿拉伯国家，了解这些国家的饮食，而且法国人会吃，口味比较刁钻。我在巴黎工作的时候，发现只有两个阿拉伯国家敢在巴黎开本国餐馆，第一个是摩洛哥，第二个就是黎巴嫩，而且，黎巴嫩餐馆多于摩洛哥餐馆。黎巴嫩烹饪在阿拉伯国家餐饮业中，占有比较突出的地位。

除了上述因素外，吸引欧美游客，特别是中东各产油国富翁到黎巴嫩旅游的，还有它开放和时尚的生活方式。黎巴嫩由于没有资源，也基本没有工业，大量的富余劳动力不得不到海外谋生，男士走得要更多一些，因此"剩女"现象比较突出。中东一些产油国家，像沙特阿拉伯、卡塔尔、科威特、阿联酋等等，十分富有，但气候恶劣，每年40摄氏度以上的时间要持续八九个月。"9·11"事件之前，中东的大佬们都是到欧美去消费享受。可是"9·11"之后，欧美人开始用异样的眼光看他们，于是他们中间相当一部分人转向了近在咫尺的黎巴嫩。黎巴嫩的土地是私有的，这些人到黎巴嫩后，经常是买一块地、盖一栋别墅，每年到黎巴嫩住上几个月，享受那里惬意的生活。外国人在黎巴嫩买地的现象日益严重，以致在当地报纸上都有人开始惊呼：再不能卖地了，再卖黎巴嫩就没有属于自己国人的土地了。

黎巴嫩经济的第四个支柱是侨汇，也就是移居到国外或者到国外工作的黎巴嫩人每年寄回来的外汇。2009年的时候，黎巴嫩收到的侨汇大概是60亿美元。黎巴嫩国内只有400万人，但是在海外的黎巴嫩侨民，据说有1200万到1500万，海外侨民是国内人口的好几倍。当然，这些人中间，不少人恐怕已经是第二代甚至是第三、第四代了。这些人中有些人干得相当不错，比方说在南美洲的哥伦比亚和厄瓜多尔，就曾经出现过黎巴嫩人后裔的总统。墨西哥的电信大王萨利姆，就是黎巴嫩人。日本的日产汽车和法国的雷诺汽车组成了一个联合体，老板也是黎巴嫩人。在很多阿拉伯国家，特别是海湾国家，弄石油的，搞新闻的，不少是黎巴嫩人。特别是新闻行业里，有大量黎巴嫩人。我刚才说到黎巴嫩前总理小哈里里，他的父亲老哈里里也曾任黎巴嫩总理，于 2005 年在贝鲁特遇刺。老哈里里就是在沙特阿拉伯搞承包建筑起家的，积累了巨大的财富。这样的例子非常多，数不胜数。

此外，我认为，黎巴嫩旅游业发达，恐怕与每年有大批的黎巴嫩侨民返回祖籍国探亲、寻根有很大关系。为什么黎巴嫩人到海外谋生能打拼出个模样呢？我认为从根本上讲，这是环境逼的，因为"穷则思变"，黎巴嫩缺乏自然资源，只能在人力资源开发上下功夫。黎巴嫩高度重视教育，高度重视文化，重视提高人的素质，靠人力资源的质量来求生存、谋发展。国内发展不了，就到国外发展。而到国外生存和发展，就必须拥有到国外谋生和发展的能力。黎巴嫩的教育普及程度是比较高的，所有的黎巴嫩人都讲阿拉伯语，这是他们的母语。除此之外，只要是受过教育的人，一般都既懂英文，又懂法文，有些人还学了西班牙文或者葡萄牙文。因为要到拉美去，就要会讲西班牙文；到巴西去，就要讲葡萄牙文。黎巴嫩人的语言天赋很好，但最主要是他们肯努力，如果不努力，将来就没有出路。对许多人来说，这是个生死存亡的问题。在首都贝鲁特，除了官办的黎巴嫩大学以外，还有美国人资助的美国大学和法国人资助的圣约瑟夫大学，分别用英语和法语授课。这两所大学的毕业生，拿着他们学校的文凭，就可以到美国和法国找工作，因为美国和法国都承认这些学校颁发的文凭。近年来，随着中国的实力和国际影响力的上升，越来越多的黎巴嫩人开始学习中文。2007 年 2 月，我赴任不久，我们国家在黎巴嫩开办了中东的第一所孔子学院，教授中文，而且不时地举办各种传播中国文化的活动。这所孔子学院不但在它所在的圣约瑟夫大学进行教学，而且在黎巴嫩各个主要城市都开办了分院，或者叫孔子课堂，学习中文的黎巴嫩人在不断增加。

刘志明大使（左前一）在黎巴嫩圣约瑟夫大学孔子学院

最后，我想简单介绍一下中国和黎巴嫩的关系。我们两国是 1971 年建交的，建交以来两国关系发展得比较顺利和平稳。我们支持黎巴嫩维护自己的主权和领土完整，不干涉黎巴嫩内政。2006 年发生黎以冲突之后，联合国决定向黎巴嫩和以色列的边境地区派遣维和部队，我国也派出了一个工兵营，筹建了一个二级医院，总共 300 来人。工兵营主要负责修路、扫雷。扫雷是项特别危险的任务，因为黎以冲突期间边境地区埋了大量地雷。我们扫雷的战士每天都面临着生命的危险，好在没有出过事故。我们的二级医院，负责给各国的维和部队看病，也给附近的村民治病，很得人心。中国维和部队完成任务不讲条件，尊重当地穆斯林什叶派居民的风俗习惯，遵守纪律，从不扰民，形象很好。在经贸领域，多年来我国一直是黎巴嫩最大的贸易伙伴，我们的商品在黎巴嫩比比皆是，参加广交会和浙江义乌小商品交易会的黎巴嫩商人数量也在不断增加。

如果需要做一个简单的小结的话，我想对大家说，黎巴嫩虽然是个弹丸小国，但这是个值得我们关注的国家。因为从地缘政治上来讲，中东的各种矛盾在黎巴嫩都有集中的反映。它就像是中东的一面小镜子，人们透过它，可以看清中东的各种矛盾，另外，黎巴嫩到现在仍然是中东的新闻中心，文化事业发达。黎巴嫩为了发展旅游、吸引游客，全国各地经年累月都在举办各种艺术节，广邀世界上高水平的文艺团体和明星来演出。黎巴嫩虽然小，但无论是在教育、新闻还是文化方面，实力都并不弱。它就像是一个小音箱，个头不大，声音不小。做好对黎巴嫩的工作，对扩大我们国家的影响、提升我们的软实力，是大有好处的。等那里的局势稳定下来了，大家不妨去转转，十有八九是不会后悔的。

（根据 2013 年 4 月 25 日讲座录音整理，有删改）

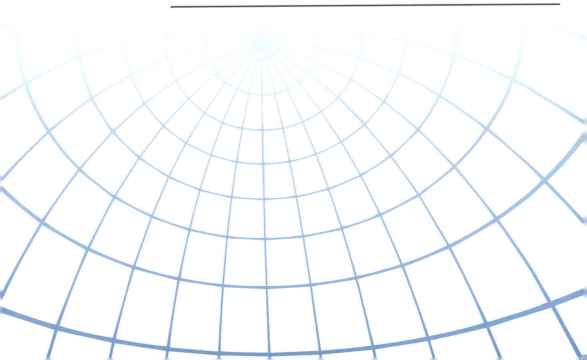

神秘的国度——

伊拉克

主讲人 杨洪林

（2004.10—2005.10 任中国驻伊拉克大使）

一、中东情缘

我从 20 世纪 70 年代初开始就一直负责外交部阿拉伯地区的相关事务，曾在苏丹、科威特、埃及、巴林、伊拉克、沙特 6 个国家常驻了 20 多年，三任大使（巴林、伊拉克、沙特），两任政务参赞（埃及、伊拉克）。2011 年 10 月从沙特离任回国。

1990 年 8 月 2 日，伊拉克入侵科威特，引发第一次海湾危机。科威特和伊拉克曾是我国劳务输出的主要市场，伊拉克入侵科威特前，我们在这两个国家有 5000 多名劳务人员。伊拉克入侵科威特后，党中央和国务院非常关心他们的安全，指示外交部、商务部、民航局等有关部门密切配合，克服种种困难，安排他们乘车经陆路撤到约旦，然后乘包机回国。这是新中国成立以来第一次大规模的海外撤侨工作，任务非常紧迫，工作非常繁重，我在外交部亚非司海湾处负责组织实施，在办公室度过了许多不眠之夜，至今撤侨情景仍历历在目。

2003 年 6 月，我被任命为驻伊拉克大使。当时因为伊拉克被美国占领，没有政府，全国一片混乱，所以我没有马上赴任。2004 年 6 月，伊拉克临时政府成立。

杨洪林大使（左）递交国书后与亚瓦尔总统和兹巴里外长合影

在战乱的伊拉克，递交国书仪式非常简单，没有礼宾车，也不检阅仪仗队。我先向当时的伊拉克外长兹巴里递交了国书副本，再到总统府向伊拉克过渡政府总统亚瓦尔递交国书。递交国书后，就可以以大使身份开展工作了。我在伊拉克任大使期间，经历了两任总统、两届政府，部长换得也比较频繁。

在战乱的伊拉克工作，国人和亲朋好友最关心的还是使馆和使馆人员的安全问题。考虑到战后伊拉克战乱，中国政府决定派6名（后来增加到8名）中国武警保卫中国驻伊拉克使馆和使馆人员的安全。这是针对伊拉克战乱环境采取的一种特殊措施，开创了中国武警到驻外使馆执行保卫任务的先河。这充分体现了党中央、国务院对外交人员的亲切关怀。我也成了自1949年新中国成立后，第一位有武警护卫的特命全权大使，每次出行都要戴上防弹头盔，穿上几十斤重的防弹衣，乘防弹车，由荷枪实弹的武警护卫，引起国内媒体的高度关注。

二、伊拉克文化与习俗

7000多年的美索不达米亚文明，数百年的殖民入侵和统治，特别是阿拉伯复兴社会党数十年的独裁统治，以及近30年的战乱，对伊拉克文化的形成产生了重要影响。

伊拉克是世界文明古国，有着悠久的历史和灿烂的文化，历史上被称为美索不达米亚，是人类文明重要的发源地之一。美索不达米亚在《圣经》中被称为伊甸园——这是古希腊语，意思是"两河中间的地方"。位于幼发拉底河和底格里斯河之间富饶的美索不达米亚平原，又称为两河流域。早在公元前4700年，这里就出现了世界上最早的城市、文字和文明，它是人类早期文明的重要发祥地，是孕育两河流域文明的摇篮，孕育了璀璨的赫梯文明、亚述文明、苏美尔文明和巴比伦文明。这些文明与古代中华文明、古代埃及文明和古代印度文明并肩齐步。

苏美尔文明是整个美索不达米亚最早，也是全世界最早的文明之一。苏美尔人在文字、天文、数学、建筑等领域都有很高的成就，比如创造了楔形文字，认识了金、木、水、火、土五大行星，绘制了黄道十二星座图，并且计算出了一年为365天6小时15分41秒。这跟近代的计算机数据仅差26分55秒。

公元前 3000 年，苏美尔人创造出了六十进位法和十进位法，以及算术四则和分数应用。苏美尔文明对随后出现的巴比伦王国、亚述王国和后巴比伦王国的影响也是深远的。

巴比伦人继承了苏美尔人的文明成果，把美索不达米亚文明推向了顶峰，也为今天的伊拉克文化留下了不可磨灭的烙印。公元前 19 世纪中叶，阿摩利人建立了以巴比伦城为首都的巴比伦帝国，由此开创了被称为世界四大文明古国之一的巴比伦王国。

公元前约 1792 年至公元前 1750 年，巴比伦王国第六代国王汉谟拉比编纂了著名的《汉谟拉比法典》，一共有 282 条，这是人类历史上最早、最完善的一部法典。这部法典开创了人类法典历史的先河。汉谟拉比王朝将国王的头像和这部法典的条文刻在了石柱上面。《汉谟拉比法典》被伊拉克视为国宝，现存于法国卢浮宫。

公元前 626 年，闪米特族的一支——迦勒底人建立新巴比伦王国。尼布甲尼撒二世统治时期，新巴比伦王国国势强盛。巴比伦人首先用六十进位法计算周天度数和时间，把一年分为 12 个月，把 7 天定为一周，把一天定为 12 个时辰，把一年定为 354 日，其学术之先见与古埃及文明交相辉映。

尼布甲尼撒二世治时期，新巴比伦文明达到了顶峰。尼布甲尼撒二世在巴比伦城修建了许多建筑，对外发动战争，攻占耶路撒冷，消灭了犹太国，将 1 万多名犹太人带回巴比伦作为奴隶。

公元前 550 年到公元 7 世纪，阿拉伯人开始向北迁徙。阿拉伯帝国兴起，迅速占领了两河流域，先后在两河流域建立了倭马亚王朝（白衣大食）和阿拔斯王朝（黑衣大食），两个王朝都定都巴格达。

阿拔斯王朝是阿拉伯历史上最辉煌、最强盛的阿拉伯帝国，它的灿烂文化可以跟我国盛唐时期的文化交相辉映。国人耳熟能详的《一千零一夜》，就是阿拔斯时代杰出的文学作品。

在阿拔斯时期，巴格达建立了一座智慧馆，帝国组织大批国内外的专家从事搜集、整理、翻译、研究外国学术文献的工作，从而掀起了阿拉伯历史上著名的百年翻译运动。智慧馆将古希腊、古印度、波斯的科学文化遗产拯救挖掘出来，保存了古代世界大量珍贵文献。图书馆系统非常发达，藏书十分丰富，在哲学、教育、法学、医学、史学、地理等诸多领域，都有创新和发展，培养和造就了许多知名学者，撰写了不朽的著作，成为社会科学的宝贵财富。

公元 1534 年起，奥斯曼帝国统治两河流域长达 300 多年，直到第一次世界大战爆发，帝国的统治才宣告结束。这期间土耳其人对伊拉克的影响是多方面的。

1920 年，根据国际联盟的决议，伊拉克沦为英国的委任统治区，在英国的保护下建立了费萨尔王朝。1932 年，伊拉克完全独立。1979 年 7 月，萨达姆·侯赛因接任总统。此后，伊拉克、伊朗爆发战争，伊拉克入侵科威特。2003 年美国发动伊拉克战争，萨达姆政权被推翻。

美国占领伊拉克后，在伊拉克首都巴格达的中心地带约 10 平方公里的地方建立了"绿区"。绿区以萨达姆总统府为主，包括最著名的拉希德饭店和周边的一些设施。绿区是美军指挥部所在地，也是联合国相关机构和西方出兵国家使馆的所在地，后来伊拉克政府也在绿区办公。绿区就是一个兵营，层层设防，最外围是高高的水泥墙和铁丝网，荷枪实弹的美国大兵层层把守，戒备森严。后来绿区虽然移交给了伊拉克政府，但伊拉克政府官员进入都要接受搜身检查。

战后伊拉克的政治环境发生了翻天覆地的变化。2004 年 6 月，伊拉克临时政府成立。后来，伊拉克举行议会选举，约占人口 60% 的什叶派赢得了议会的多数席位，获得了组阁权。什叶派掌控着政府主要权力机关和重要部门。

库尔德人的地位空前提高，成为第二大政治力量，库尔德语成了伊拉克的官方语言之一。库尔德人在政府和议会担任要职，塔勒巴尼出任总统——这是伊拉克历史上第一次由库尔德人担任伊拉克总统。

库尔德是西亚地区最古老的民族之一，是伊拉克的第二大民族，有着悠久的历史，曾经建立过几个小公国，但从来没有建立过统一的国家。库尔德人主要居住在土耳其、伊朗、伊拉克、叙利亚四国交界的地方，历史上把这个地区称为库尔德斯坦，面积大约 4 万平方公里，人口 3200 万。

由于历史原因，库尔德人有着强烈的民族独立愿望，为争取民族权利进行了几个世纪的武装斗争。战后，库尔德自治区高度自治，两大政党——库尔德民主党和库尔德爱国联盟联手竞选，一举成为伊拉克政坛中的第二大政治力量。

伊拉克是一个多民族、多文化的国家。人们的生活习惯和审美情趣有着浓厚的宗教色彩。伊拉克文化主要以伊斯兰的宗教文化为主，它植根于灿烂的古巴比伦文明，经历过殖民统治、萨达姆暴政、外国入侵，具有浓厚的历史积淀和丰富的文化底蕴。

伊拉克文化当中最引人注目的特点，就是他们强调的阿拉伯领袖、民族自尊和民族自豪感。古巴比伦文化对于今天的伊拉克人来说并不陌生，这份遗产在古代两河流域文明留给现代伊拉克全部遗产当中占有非常重的分量，它培植了伊拉克人强烈的阿拉伯领袖意识，使伊拉克人滋生出强烈而恒久的民族自豪感和优越感。

伊拉克文化丰富多彩，别具一格。有着灿烂文化传统的伊拉克人，不仅在建筑、绘画、雕塑、数学上有非凡成就，在音乐上也有悠久历史。伊拉克音乐受阿拉伯古典音乐的影响，在南部地区挖掘出的苏美尔人公元前2000年的竖琴，以及公元前800年左右的楔形文乐谱，都说明伊拉克有着悠久的音乐文化传统。

伊拉克音乐是在民间音乐创作基础上发展起来的，拉塔巴、东部基亚、马瓦力叙事歌曲和民谣，是民间音乐中常见的形式，节奏的即兴性和节拍多变是它显著的特点。北部摩苏尔流行摩西科民间音乐，南部地区流行乡村音乐，中部巴格达地区流行木卡姆音乐。北部库尔德少数民族地区有库尔德音乐、土耳其音乐等。伊拉克的民族乐器有乌德琴（类似中国的琵琶）、桑图尔（一种八弦琴），还有卡努竖琴等。伊拉克民间舞蹈具有朴素、健康和生动的特点，内容大多反映了伊拉克人民对劳动和生活的热爱。

享誉世界的巴比伦空中花园被认为是世界七大奇迹之一，它建于新巴比伦王朝时期。空中花园有个美丽的传说：传说尼布甲尼撒二世娶了伊朗王国的公主，为了解除王后的思乡之情，国王命令工匠按照伊朗王国的山色建造了这座层层叠叠的阶梯花园。花园采用立体的方法建造，共有7层，在高台上分层叠造，由25米高的柱子支撑。底层以石板为基，上面有芦苇、沥青、土砖，土砖下盖有防漏水的铅板，铅板上铺有泥土，再栽奇花异草，从远处看就像是悬在空中的花园。花园有完善的灌溉系统，巧夺天工的园林景色博得公主欢心。离空中花园不远的地方是著名的巴比伦雄狮的雕像。雄狮是专司爱情、生育、战争之神伊什塔尔的坐骑，象征着巴比伦人的威武。

伊什塔尔神门。原来的伊什塔尔神门高 4 米多,宽 2 米,上面建有塔楼。神门用彩色玻璃饰面,两侧有对称的牛、狮子等 575 座动物浮雕,形象逼真,栩栩如生。伊什塔尔神门位于巴比伦城正东,是 20 世纪 60 年代按照原神门的标准和尺寸仿建的,原神门 1961 年被德国人拆走,复建于德国贝加伦博物馆。

巴比伦遗址是公元前 626 年迦勒底人建的新巴比伦王国遗址,主要由阿斯塔尔神门、南宫、仪仗大道、城墙、空中花园、巴比伦雄狮雕像、亚历山大剧场组成,20 世纪被发现。而汉谟拉比时代的古巴比伦王国的遗址至今仍被埋在地下。新巴比伦王国繁华至极,当时王城方圆百里,精美无比,外设青铜大门百扇,内置 300 座塔楼,城内建筑恢宏,王宫巍峨。

伊拉克人热情好客,请客时常常是摆满一桌子的美味佳肴,还有色泽鲜艳的各种时令水果。伊拉克底格里斯烤鱼闻名遐迩,凡是到过巴格达的人都会品尝。伊拉克人说,没有吃过底格里斯烤鱼,就等于没来过伊拉克。底格里斯河的鱼,小的一两公斤,大的十几公斤。做烤鱼要从脊背剖开,使鱼成

巴格达底格里斯河畔

为一个椭圆形的整体，然后去掉内脏，洗干净，不去鳞，在鱼肉上抹上一层作料。等作料入肉后，再把鱼插在地上的木桩上，点燃鱼坑前的果枝，使鱼肉的一面对着火，鱼皮的一面朝外，烤熟了，再把鱼放到铁盘里，把铁盘放在余灰上热会儿。烤好的鱼肉焦黄、香脆，再浇上西红柿汁，撒上洋葱，用阿拉伯大饼裹着吃，味道非常鲜美。

伊拉克人很重视教育，有条件的都会送子女到国外接受高等教育。所以伊拉克的医生、学者、企业家非常多，而且遍布阿拉伯世界，这是伊拉克人引以为豪的事情。伊拉克人的姓名一般是由自己的名字、父名和祖父名组成，祖孙三代一目了然。初次见面，一般称姓，不能称名字，称名只限于非常要好的朋友。除非是特别要好的朋友，忌讳问对方的工资收入、家庭财产、病情细节、女士年龄、婚姻状况，因为这些都属于隐私。如果关系不是很深的话，也忌讳谈沉重的话题。伊拉克人认为 13 是不吉利的数字，宴请要尽量避开 13 号，排桌要避免 13 人一桌。

伊拉克法定的工作时间是周一至周四，周五、周六是假日。星期五穆斯林一般都要去清真寺做祷告。伊拉克人休假一般会选在七八月份，因为这段时间首都巴格达酷暑高温，学校放假。大人会带着孩子外出度假，有条件的去欧洲，没条件的去北部山区。北部山区山清水秀，气温要比巴格达低十几摄氏度，是休闲度假的好地方。你如果想约见伊拉克官员，一定不要忘记把这段时间错开。低收入的伊拉克家庭，假日喜欢到市内公园或郊区公园野餐。

在饮食方面，伊拉克和大多数阿拉伯国家是一样的，主食为大米饭和烤饼。伊拉克很多传统菜肴都非常接近于叙利亚和黎巴嫩的菜肴，比如烤绵羊肉、烤羊肉串、炸肉。伊拉克菜肴具有较重的味道，放很多蒜、辣椒、洋葱。伊拉克人习惯用右手抓饭，给朋友递食品也是用右手。伊拉克人喝茶喜欢放很多糖，非常甜，所以喝茶的时候，你一定要告诉主人少放糖。

伊拉克人最喜欢的颜色是绿色，绿色代表天堂，代表伊斯兰教。阿拉伯人世代生活在沙漠里，所以最喜欢绿色。最讨厌的颜色是蓝色，认为是魔鬼的颜色。最忌讳的是黑色，黑色是丧葬的颜色，会给人以不幸的印象。在伊拉克，有三种颜色有着特殊的意义。客运行业用红色作为代表，他们的车牌是红色的。警车一般是灰色的。丧事用黑色作为代表。国旗是橄榄绿，在商业上是禁止使用的。

三、中伊关系

中国与伊拉克关系悠久。伊拉克是 1958 年与中国建交的，是最早与中国建交的阿拉伯国家之一。建交后，两国关系总的发展比较平稳顺利。20 世纪 80 年代中期到 90 年代初，伊拉克曾经是中国劳务输出的重要市场。中国公司在伊拉克修建的水坝、桥梁、电站、通信等项目受到伊拉克人民的欢迎。

1990 年，海湾危机爆发后，中国根据联合国决议终止了与伊拉克的经贸合作与军事往来。中国根据"石油换食品"的计划，与伊拉克进行了一些贸易往来。2003 年，伊拉克战争爆发，中伊双边关系受到影响，战后中伊关系逐步恢复。中国政府于 2004 年 2 月派出中国驻伊拉克大使馆复馆小组，赴伊拉克工作。2004 年 7 月 9 日，中国驻伊拉克大使馆正式复馆。9 月伊拉克驻中国大使伊斯梅尔到任，10 月我赴任。这样两国就实现了战后互派新任大使，中伊关系实现了平稳过渡，揭开了两国关系新的一页，从此步入了一个新的发展阶段。

伊拉克政府重视发展对华关系。中国是联合国常任理事国，经过 30 多年的改革开放，中国已经成为世界第二大经济体，中国的国际地位和影响不断提升。伊拉克非常看重中国的大国地位和作用，重视同中国发展友好关系，高度赞赏中国改革开放所取得的巨大成就，希望借鉴中国的发展经验，希望中国政府和中国公司积极参与伊拉克的战后重建，希望中国政府向伊拉克提供支持和帮助，希望中国帮助伊拉克尽快实现稳定，帮助伊拉克改善国际环境。

我国外交部要求驻伊拉克使馆在保证安全的前提下，积极稳妥地开展对伊拉克的工作，积极发展同伊拉克政府、各主要党派、宗教组织的关系，广交、深交朋友，宣传我国的政治主张，维护我国在伊拉克的重大利益；同时，寻求伊拉克方面的理解和支持，扩大中国在伊拉克的影响，增进相互了解，促进双边关系持续稳步发展。

（根据 2012 年 12 月 24 日讲座录音整理，有删改）

文化多元、全民互助的

突尼斯

主讲人 李蓓芬

（2008.6—2010.10 任中国驻突尼斯大使）

我于 2008 年到突尼斯工作，2010 年离任。虽然时间不长，但印象深刻。突尼斯不仅地理位置优越、历史悠久、文化多元、风景秀丽，而且在治国理政特别是全社会互助扶贫方面颇具特色，创造了可供世人借鉴的模式。突尼斯 2010 年 12 月中旬发生了"茉莉花革命"（茉莉花是突尼斯的国花），政局动荡，整个西亚、北非地区遂进入大动乱时期。我下面介绍的内容，有一部分是"茉莉花革命"前的情况。

突尼斯是非洲国家，也是阿拉伯、伊斯兰国家，当地老百姓更愿意称自己为"地中海国家人"，所以突尼斯同时为非盟、阿盟、伊斯兰会员组织的成员。我国与突尼斯在中非合作论坛、中阿合作论坛框架内都有交流与合作。突尼斯地处非洲北部，西边与阿尔及利亚为邻，东南边跟利比亚接壤，南部属沙漠地区，广漠的撒哈拉大沙漠把它与非洲大陆各国连在一起。想到突尼斯是一个非洲国家，很多人以为它肯定很落后，都是黑土地、黑人，实际上突尼斯又处在地中海的南岸，与意大利、法国隔海相望，最北部离意大利的西西里岛只有一百海里。突尼斯北部城市很现代，人们的生活方式很欧化，居民中混血的也比较多，不少年轻人穿得袒胸露背，很开放，所以不少代表团一到突尼斯就问：这里是非洲吗？感觉是到了欧洲国家。突尼斯确实是地区交通枢纽，乘飞机到欧洲各地一般不会超过 3 个小时。它有七个国际机场，每周有 1300 次航班飞往世界各地，而且每周还有轮船开往欧洲、中东等地的主要港口。突尼斯又是阿拉伯国家，国教是伊斯兰教，在公元 7 世纪伊斯兰教鼎盛时期，阿拉伯人进入突尼斯的时候，建了著名的奥克巴清真寺，它是仅次于麦加、麦地那、耶路撒冷的伊斯兰四大圣地之一。突尼斯虽然 98% 的人信伊斯兰教（逊尼派），但是它是一个政教完全分开的世俗国家（宪法规定不能成立有宗教背景的党派），实行共和国制，军队不参政，属于共和国军队。突尼斯不同于其他阿拉伯国家，没有部落、宗教、党派之争（突尼斯虽实行多党制，但宪政民主联盟一党独大，成为强势执政党）。从 1957 年独立到 2010 年动乱前，政局一直很稳定。

著名的迦太基文明。突尼斯历史悠久，五千多年前土著柏柏尔人就在那里生活了。公元前 12 世纪的时候，腓尼基人从黎巴嫩、叙利亚沿着海岸来到突尼斯，建立了最早期的城邦——迦太基。迦太基帝国在历史上是非常有名的，因为当时它是地中海的一个海上帝国，突尼斯的海湾成为当时地中海区域的一个商业的枢纽，控制着西地中海全部的商业活动。迦太基城邦的商业很繁荣，非洲内地的象牙，西亚的纺织品，西班牙的金、银、铅等物品都通过迦太基转销各地。迦太基的航海事业也很发达，迦太基人曾经通过直布罗陀海峡进入大西洋。公元前 9 世纪，迦太基将统治扩大到整个突尼斯地区，接着把阿尔及利亚、西班牙的南部、西西里岛的大部分、科西嘉岛等全归入它的版图，成为一个非常强大的奴隶制国家。它拥有庞大的舰队，控制着整个地中海的海上贸易和运输。公元 3 世纪的时候，地中海又出现了一个强国——罗马，此后一个以陆地为主的罗马帝国，与一个以海洋为主的迦太基帝国形成对峙，争夺西地中海的霸权地位。公元前 264 年—公元前 146 年，两个帝国发生了三次大的战争，迦太基汉尼拔将军已带兵打到罗马城下，后因内部分歧把他调回后，迦太基最后败给了罗马，否则世界历史就要改写了。罗马人进入后，在原来的迦太基城的废墟上建立了罗马迦太基，统治突尼斯将近 600 年，留下了无数的古罗马的文化古迹。后来汪达尔人（欧洲大陆的日耳曼人的一支）、拜占庭人都短暂统治过突尼斯，一直到 7 世纪，阿拉伯人进来，完成了阿拉伯化。16

突尼斯迦太基遗址

世纪的时候，土耳其又占领了突尼斯，把它变成奥斯曼帝国的一个行省。到19世纪的时候，法国入侵殖民，侵占突尼斯80多年，突尼斯成了法国的保护国、实际的殖民国。突尼斯于1957年获得独立。突尼斯的首都突尼斯城，是有三千多年历史的名城，几经兴衰，留下了无数的历史古迹。迦太基文明、古罗马文明和阿拉伯文明均在突尼斯留下深刻烙印。

多元文化使得突尼斯具有丰富而独特的旅游资源。突尼斯历史文化遗迹很多，至今还保留着迦太基时期以来的200多处古建筑遗迹，其中30多处被列入世界遗产名录。突尼斯海岸线长1300千米，是风景秀丽、气候宜人的地中海天然风景区，南部有风情独特的撒哈拉大沙漠。这些得天独厚的旅游优势使得旅游业成为突尼斯国民经济的支柱产业之一，占国民生产总值的16%左右。我在突尼斯常驻期间，曾到过很多旅游景点，突尼斯丰富独特的旅游资源、现代化的旅游设施和良好的服务给我留下难忘的回忆，下面略做介绍。

一、列入世界遗产名录的几处遗址

1.迦太基遗址。迦太基古城遗址位于突尼斯市以北17公里处，公元前814年由腓尼基人兴建，占地面积315公顷，主要建筑有城墙、宫殿、神庙、别墅、公共浴室、剧场、竞技场、港口、墓地等。它曾是迦太基王国的首都，历经时代的变迁，这座近三千年历史的名城几经兴废，如今虽只留下断墙残柱，但仍可窥见其繁华兴盛之时的风貌。2008年6月到突尼斯不久，我便前往向往已久的迦太基遗址参观，给我留下深刻印象的有三个地方：迦太基城区遗址、安东尼浴池及古罗马露天剧场。迦太基城区遗址在地下，已发掘的面积很小，可以看到当时的城区规划得很好。我迈步到居民家中，发现有浴池和卫生间，房间的布局很现代化，感叹公元前200年，迦太基人就能享受到现代文明的生活。安东尼浴池靠近海边，其上部建筑已不复存在，但从地层结构上可以清楚地看到两边对称排列的更衣室、热水游泳池、按摩室、热水室、冷水室等。浴池的水是用渡槽从60公里外引来的。据说渡槽高达数丈，仿佛是一条长达数十公里的天河。古罗马剧场保存完好，每年夏天，突尼斯国际艺术节就在这里举行。剧场用石头砌成，呈阶梯形，可容纳观众万人。我曾多次应邀前往观看艺术节演出，剧场不用任何音响设备，但观众在剧场任何地方都能听清演员的对白。这几处遗迹是古罗马奴隶在两千多年前用血汗建成的，其工程之浩大、设计之巧妙令人叹为观止。

2. 杜加考古遗址。古杜加城遗址位于突尼斯首都东南 130 公里处，始建于公元前。遗址占地 70 公顷，较好地保存了古代城池及其所有组成部分的遗迹，展现了努米底亚、布匿、古希腊和古罗马不同的文化。我曾多次陪同国内代表团前往参观，每次都被遗址宏大的气势所震撼。遗址展示了一个大城市的风貌：宽广的街道、完善的市政上下水系统、公共广场、大型剧院竞技场、大型公共浴池、豪华的私人住宅、大型墓葬群。我注意到，住宅不仅布局合理，而且还有现代意义上的卫生间。高大的神庙虽然已残缺不全，但恢宏的气势仍能让人想到古城昔日的辉煌。

3. 杰姆圆形竞技场。杰姆圆形竞技场是古罗马时代大圆形竞技场的遗址，坐落在突尼斯东部苏斯城与斯法克斯之间，建于公元前 238 年—公元前 230 年。竞技场长轴 148 米，短轴 122 米，呈椭圆形，全部用 1 米长、70 厘米宽、50 厘米高的大石块砌成，造型宏伟壮观，是世界现存的古竞技场中名列第三但保存得最好的古罗马竞技场。竞技场共有三层拱廊，每一层有 60 个拱孔，总高 36 米。南侧包厢供国王和贵族使用，北侧看台供普通民众观看，据说可容纳 3.5 万人。中间的竞技场地长 65 米，宽 39 米，周围竖立着 3 米高的安全石墙，与观众的看台隔开。场地东侧地下 5 米处建有两排洞屋，一边关战俘，一边关狮子、老虎、豹子等猛兽。两排洞屋分别有洞口通到竞技场内，但仅有一个铺有石阶。格斗时，人从台阶上下来，而猛兽则由跳板跳到地面。我曾去过罗马的古罗马竞技场，看到损毁情况较严重，尤其是地下洞屋彻底毁坏，无法参观。而杰姆竞技场地下洞屋保存完好，我从竞技场顶层经中间竞技场地，一直走到地下洞屋，想象当年兽与人斗的惨烈场面。而今，昔日血腥的斗兽场已成为旅游胜地，并不时举行大型文化活动，焕发出新的生机。

4. 奥克巴清真寺。奥克巴清真寺位于突尼斯市南约 150 公里处的凯鲁万城。该城是阿拉伯人在公元 671 年打败了柏柏尔人后，在马格里布地区兴建的第一座伊斯兰城市。奥克巴清真寺位于城东北隅，建于公元 670 年，是北非最悠久、最大的清真寺。奥克巴清真寺占地面积 9000 平方米，建筑规模宏伟。清真寺中央是约 3000 平方米的院子，地面由清一色的大理石铺成。给我留下深刻印象的，是院中有两眼收集雨水的"集水井"。导游介绍说，雨水经集水井流入地下一套净化雨水的装置，最后流入储水池储存起来，作为饮用和清洁用水。清真寺南侧祈祷大厅面积近 3000 平方米，可同时容纳 3000 人做祈祷。据说，穆斯林只要到该清真寺祝福七次，就等于到麦加一次，可见它在穆斯林中的神圣地位。

二、海边旅游胜地

突尼斯濒临地中海，从北部的达巴卡、比塞大到东部的崩角、哈玛迈特、纳布尔、苏斯、杰尔巴岛，都是闻名遐迩的海边旅游胜地。上述地方我都去过，但我特别喜欢哈玛迈特和杰尔巴岛。

1. 哈玛迈特。哈玛迈特分老城和旅游区两部分。老城仍保留着几个世纪以前的格局，尤其伫立在海边傲视远方，古堡仿佛向世人诉说着人间沧桑。而旅游区是新建区域，除仿古城堡式的大型综合购物、游乐、餐饮建筑外，最引人注目的是金色海滩边绵延数公里的高档旅馆。这里海滩平缓，无大浪，沙子细腻柔软，气候宜人，吸引了来自世界各地的旅客。

2. 杰尔巴岛。杰尔巴岛位于突尼斯东南部海域，面积 514 平方公里，有一条古罗马时期修建的海堤与大陆相连。环岛沙滩长 128 公里，沿沙滩建有很多五星级旅馆。由于岛上冬季气温高于突尼斯其他地区，风景秀丽，还有一些古罗马遗迹，因此每年都有大量旅客来此度假。岛上有两个小村落居住着犹太人的后裔，据说他们的祖先是两千五百年前迁于此地。至今，岛上还保留着一座古老的犹太教堂。基督教堂和清真寺毗邻而建，说明历史上各种宗教曾互相包容，突尼斯人也以此为荣，表明他们是一个热情、宽容的民族。

三、南方和沙漠绿洲风情

突尼斯的原住民是柏柏尔人，突尼斯南部及沙漠地区仍有很多柏柏尔人。我曾多次前往突尼斯南方，亲身领略了南方和沙漠风情。

1. 迈特马泰地下洞穴。迈特马泰过去是柏柏尔人的据点，当他们离开山区来到平原后，就在地下 10 多米处开凿洞穴。通常是挖一大坑作为天井，在坑壁上凿洞来居住，很像我国陕北的窑洞。洞穴内设施俱全，易守难攻，冬暖夏凉，充分显示了柏柏尔人的智慧。

2. 杜兹沙漠节。杜兹在撒哈拉大沙漠以南10公里，是通往沙漠的大门，每年12月底都举办沙漠节。2009年12月，我曾应邀参加沙漠节。沙漠节那天，杜兹市张灯结彩，市民们身着民族服装，载歌载舞，还有很多人骑着骆驼和马在街道上巡游，场面十分壮观。

3. 吉兰堡沙漠绿洲。从杜兹往南就进入了撒哈拉沙漠。我们参加完沙漠节活动后于下午乘越野车进入沙漠腹地，傍晚到达吉兰堡。吉兰堡是一片沙漠绿洲，有一片树林、一个水塘和一家旅馆。旅馆用帐篷搭成，每个帐篷是一间客房，内有空调和卫生间，设施虽简单，但卫生干净。晚上满天星斗，十分幽静，就像身在世外桃源。第二天一早，我们就在沙漠里观看日出。在沙漠里观日出与在平原、海边和山上观日出明显的不同是不受天气影响，日出的全过程看得清清楚楚。

突尼斯资源确实不多，它有一些磷矿，石油自给自足。主要农作物系橄榄，橄榄油年均产量20万吨左右，占世界第四位，但大部分都作为桶装油出口到意大利、西班牙等国。它的主要经济活动系出口贸易，率先与欧盟签订了自贸区协定，并与马格里布地区和中东多国建立了自贸区。突尼斯大力发展外向型加工业，欧洲的很多名牌服装、鞋帽等都在突尼斯加工。政府推行非常优惠的吸引外资政策，有3000多家外资企业。动乱前连续多年被达沃斯论坛评为非洲最具综合竞争力的国家。突尼斯经济年增长率保持在5%左右，人均4000多美元，官方称中产阶级达到80%。我在突尼斯两年多，从未看到过乞丐。这既有宗教好施乐善的因素，更主要是得益于覆盖全国的各种有效的社会互助机构。

突尼斯全民互助意识非常强，12月8日是全国互助

李蓓芬大使参加突尼斯沙漠节

日，很小的孩子都会跟家长要点零钱去参加全国互助日捐献活动。突尼斯除建立小额信贷体系外，还设有社会互助银行、国家互助基金和全国互助联盟。联盟的领导决策层由退下来的议员、前部长等名流组成，不拿任何补贴。联盟经费除少量政府补贴外，主要靠捐赠，领导层发挥各自的影响力，还能收到国外的捐款。联盟互助工作的具体操作实行企业制，有财务有审计，非常透明。聘用的工作人员首先要有做慈善的心愿，拿很低的报酬。我去看过他们下面的车间，收来的衣物全部洗干净，鞋子跟新的一样，衣服一件一件套好，标明号码，特别整齐，到时候就送给农村贫苦的人。突尼斯各类弱势群体都有相应的求助机构，从城市到农村层层覆盖。我去母亲协会参观时看到不少非常有气质的知识女性，原来这些协会的顾问都是退休或在职的律师、教授等。母亲协会设有家暴处理室和暂住房间，有各种职业培训室、接待室等，是妇女真正的"娘家"。

西亚北非动乱从一个政局一直稳定、经济发展相对较好的国家开始，这确实出乎世人意料。现在分析看，这里有必然的因素，也有偶然的因素，有内因也有外因，是诸多因素共同作用的结果。首先从经济上看，突尼斯经济单一，经济对外依存度达到近75%，2008年爆发的世界金融危机不啻是对突尼斯经济的当头一棒，加工订单骤减。法国提高了外国劳工入境的门槛，影响了突尼斯青年前往法国就业，这对突尼斯无疑是雪上加霜，失业率从14%上升到20%，15~36岁就业骨干群体失业率高达30%，部分行业失业率甚至高达60%。虽然政府也采取了各种措施，如私营企业主雇佣大学生，可由政府支付培训、社保等费用，但因工业基础较差，没有多少制造业，创造就业能力不足，无法从根本上解决高失业率问题。失业队伍中大学毕业生占很大比例（突尼斯重视教育，教育经费占GDP的7%左右）。突尼斯每年有8万名大学生毕业，但仅有2万人能找到工作。我们经常能发现，各个阿拉伯水烟小店门口坐满了年轻人，无所事事，有时一坐就是一整天。所以一个年轻小贩与城管发生矛盾，很容易就成了动乱的导火线。南北发展不平衡造成的贫富差距迅速扩大，动乱由南到北蔓延至全国，总统本·阿里无力控制局势，想动用军队，但得不到军队的响应和支持，于是在总统卫队队长建议下狼狈出逃。第二个内因是腐败问题。本·阿里离婚后娶了一个比他年轻20多岁的原来从事美发行业的漂亮老婆莱拉。莱拉是个大家族，有九个兄弟姐妹，他们利用突尼斯推行市场经济的机会大量敛财。在突尼斯，凡是赚钱的行业都有总统夫人和她亲属的影子：哥哥开航空公司，办豪华宾馆；女婿开车行，办银行、电台；莱拉自己开超市、做房地产生意。这在突尼斯可以说是妇孺皆知，老百姓敢怒不敢言。总统本人也敛财有道，被迫下台后竟携带 1.5 吨黄金逃亡海外。另一个重要内因是本·阿里总统上台 23 年，长期独揽大权，政府、议会只是个摆设，什么都由他一人说了算。本·阿里打击异己，实行专制高压政策，对新闻和言论进行管制，到处都有便衣。老百姓虽说能吃饱饭，但普遍感到精神上很压抑。最近我问一位下级军官"茉莉花革命"后的情况，他说经济大不如以前，但精神上解放了，感到自由了。

从外因看，主要是西方国家推波助澜。改造大中东是美国布什政府制定的战略目标，美国等西方国家在这一地区长期推行"民主、自由"的价值观，对突尼斯的民主颇有微词，西方人权组织，甚至外交官经常设法与持不同政见者接触。他们把地区动荡描绘成"阿拉伯之春"，积极引导事态向其希望的方向发展。西方媒体对事件密集跟踪报道，有选择性爆料，火上加油，煽动性很强，对事态迅速发展和恶化起到了推波助澜的作用。另外，现代传媒和新兴网络媒体也成了动乱的重要外部推手。

"茉莉花革命"以来，突尼斯局势一直不稳定，总统也几易其人。原被取缔的带有宗教背景的复兴党成了政坛的主要力量。每当听到突尼斯发生恐怖袭击事件时我心情都很沉重，为一个稳定的、祥和的突尼斯不复存在感到惋惜。但我相信热爱生活、性情温和、有着较高文化素质的突尼斯人民一定会痛定思痛，找到一条适合国情，使国家强盛、人民生活幸福的发展道路。

（根据 2013 年 5 月 23 日讲座录音整理，有删改）

非洲的缩影——

喀麦隆

主讲人　许孟水

（2000.12—2003.12 任中国驻喀麦隆大使）

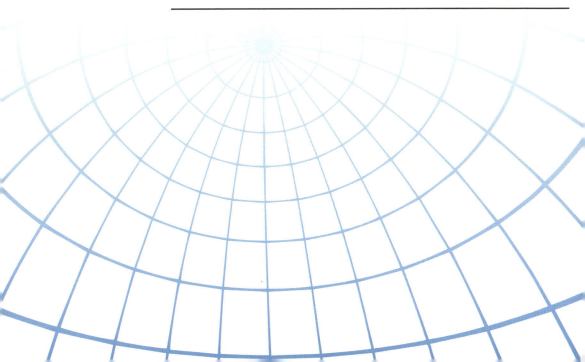

我在外交部有一个绰号，叫"一条黑道走到底的中国外交官"，也就是说我从留学时候开始就结识了非洲，一辈子与非洲打交道。我有一个广东的朋友，是做生意的，他跟我讲没到非洲时怕非洲，去了非洲就爱非洲，回来以后老是想非洲。非洲有 54 个国家，今天我讲的是中部非洲的喀麦隆。

喀麦隆，好多人可能不知道，但是喀麦隆的足球在世界上名气挺大，起码比咱们国家强多了。喀麦隆有许多世界级的明星：神奇的大叔米拉，41 岁还参加世界杯比赛，居然踢进一球，他是世界足坛著名运动员中岁数最大的；现在的国家队队长埃托奥，外号叫猎豹前锋，平时在意大利俱乐部踢球，身价几千万美元；守门员"黑蜘蛛"恩科诺；还有"常青树"宋——名字有点像我们中国的名字。今天我同大家交流分享的就是喀麦隆，我想讲四部分内容：第一部分是喀麦隆的基本国情，第二部分想谈谈喀麦隆的风俗习惯和风土人情，第三部分讲讲喀麦隆颇有特色的旅游景点，最后聊聊中喀两国关系。

一、基本国情

喀麦隆位于非洲的中部，面积 47.6 万平方公里，人口 2700 万（2013 年统计数字），首都雅温得。全国南宽北窄，从地图上看像个锐角三角形，东西通宽 800 公里，南北直线距离 1200 公里，北部最窄的地方 22 公里。地形地貌复杂多样：西南部是濒临大西洋的几内亚湾，海岸线长 354 公里，基本上都是平原；中东部多丘陵；西部是山区；南部多火山，其中喀麦隆山是中西非最高的山峰，海拔 4000 多米，是一座活火山。境内有五条大河，最长的是萨纳加河，920 公里。还有大小不一的湖泊、沼泽、湿地等。北方最西边延伸到乍得湖，乍得湖是非洲第四大湖。喀麦隆地跨两

许孟水大使

大气候带，北方是热带草原气候，终年少雨，炎热干燥，最高气温超过50摄氏度，地上泼一盆水，两分钟就蒸发掉了。西南沿海和中东部是热带雨林气候，多雨潮湿，年均气温一般在20摄氏度到28摄氏度，不超过30摄氏度。北部年降水量300毫米~500毫米，南部和东部2000毫米~4000毫米。西南部喀麦隆山南麓有一个地方的降雨量达到12000毫米，是世界上降雨量最多的两大地区之一。另外一个降雨量最多的地区也在非洲，是我曾经工作过的几内亚，我在那儿也当过大使。

喀麦隆这个国家的名字是对虾的意思。怎么来的，有很多传说。比较权威的说法是，根据西方文献记载，1472年葡萄牙探险家费尔南多·帕的船队来到几内亚湾喀麦隆地段，在南部五里河口被黑压压的对虾群阻挡住了，不能前行，惊呼"喀麦隆! 喀麦隆!"。在葡萄牙语中，"喀麦隆"就是大对虾的意思。于是葡萄牙人就将这个地方命名为喀麦隆，并标在航海图上，喀麦隆因此而得国名。

历史上，喀麦隆最早的土著居民是俾格米族人，后来北非的阿拉伯人、西非的富尔贝人和南部非洲的赤道班图人等部落族群相继迁入，使得这个国家成为非洲民族迁徙的汇聚地和十字路口，逐渐形成五大族系、数以百计的族群共处一地休养生息的区域，并曾先后建立过一些族群联盟和部族王国。

公元16世纪初，欧洲殖民者开始入侵喀麦隆。1884年，喀麦隆沦为德国殖民地，第一次世界大战后又被法国和英国瓜分，法国占了5/6，英国占了1/6，分成东喀和西喀。1960年1月1日，法国统治的东喀宣布独立，成立喀麦隆共和国。第二年的2月，英国统治的西喀举行公民投票，决定北部并入尼日利亚，南部同喀麦隆共和国合并，组成喀麦隆联邦共和国。1972年5月20日，举行全国公民投票，取消联邦制，建立喀麦隆联合共和国。1984年1月把"联合"两个字去掉，改称现在的国名"喀麦隆共和国"。

喀麦隆全国有三个重要的节庆：1月1日是独立日（1960年），10月1日是统一日（1961年），5月20日是国庆日（1972年）。

独立以来，喀麦隆政局一直比较稳定。开国元首阿赫马杜·阿希乔实行一党制，统治了22年，1982年11月因病辞职，把权力交给时任总理保罗·比亚。比亚接任总统后，继续实行一党制，推行民族复兴纲领，倡导民主化和民族融合，积极发展经济，保持国家团结稳定。20世纪90年代初，比亚顶住西方强行推销的多党民主化的压力和冲击，以怀柔政策为主、铁腕统治为辅，高举国家统一和民族团结的大旗，坚持推行渐进式民主，妥善解决各种矛盾，稳住了阵脚，保住了政权。1990 年，喀麦隆改行多党制，比亚总统提出联合民主的理念，吸收在野党参政，形成一党为主、多党参政的多党民主的政治格局，并不断强化他的执政党和军队，牢牢掌握执政大权。2011 年 10 月，比亚以 78% 的高票第六次蝉联总统，任期 7 年。比亚出生于 1933 年 2 月 13 日，今年 81 岁，当总统之前还当了 7 年总理，已经连续执政近 40 年，是当今非洲执政时间最长、年龄最大、为数极少的领导人之一。目前，喀麦隆政局依然比较稳定。

喀麦隆地理位置和自然条件得天独厚，地上地下东西很多，资源非常丰富。地上有广袤的土地、大面积的原始森林，可耕地面积占国土面积18%，大概是 1000 万公顷。森林面积 2000 多万公顷，占国土面积 42%，可开采面积达 1700 万公顷。木材蓄积总量 40 亿立方米，商业木材品种多达 360 种，一些名贵木材，像花梨木、桃花心木、乌木、鸡翅木等都有，大约 20 种。北方适合放牧的草原有 1500 万公顷，南部和西南部沿海地区的渔业资源相当丰富，特别是巴卡西半岛一带，盛产各种海鱼和对虾。

喀麦隆素有"中部非洲粮仓"之称，五谷杂粮都能生产，主要粮食作物有水稻、小米、玉米、高粱、木薯等。经济作物有咖啡、可可、棉花、甘蔗、油棕、橡胶、茶叶、烟草等。牧区农场和农民饲养的牲畜和家禽主要有牛、马、驴、羊、猪和鸡、鸭、鹅等。喀麦隆地下资源令人羡慕：已经探明的铝土矿 11 亿吨，品位 43%；铁矿 13 亿多吨，品位 63% 以上；金红石 300 多万吨，钛含量约 95%；其他还有黄金、钻石、钴、镍、锡等，以及大理石、石灰石、云母等非金属矿产。西南沿海石油储量 1 亿多吨，20 世纪 70 年代开始开采，目前年均产量五六百万吨。北部沙漠草原和乍得湖地区发现大量可供开采的油气资源。天然气储量丰富，多达 5000 亿立方米。水利资源约占世界总量的 3%，可利用的有 2000 多亿立方米。

喀麦隆是撒哈拉以南"黑非洲"经济发展较好的国家。哪儿是"黑非洲"，这个需要跟大家解释一下。以地理位置和人种划分，人们习惯上把撒哈拉沙漠以北的地区叫"白非洲"，因为大多数居民是阿拉伯人，属白色人种。撒哈拉以南大片地区叫"黑非洲"，因为大部分居民都是黑人，属黑色人种，共 46

个国家。喀麦隆历届政府都重视发展经济，实行"有计划的自由主义""自主自为平衡发展""绿色革命"等经济政策，以农业和畜牧业为国民经济主要支柱，努力发展工矿业，加强基础设施建设，国家经济发展较快。20世纪80年代初期，经济增长率曾高达两位数，人均GDP达到1200美元，成为中等收入的发展中国家。我是1982年去的，那时候喀麦隆经济比较繁荣。80年代后期，受国际金融危机的影响和拖累，喀麦隆的经济严重滑坡。90年代中期，喀麦隆借非洲法郎贬值的契机，深化经济结构调整，实现多样化发展，经济形势开始好转。1995年以来，经济连续11年保持2%~4%的中速增长。2012年国内生产总值259亿美元，人均GDP达到2500美元，经济增长率为5%。2013年经济总量在"黑非洲"国家中排名第四（在尼日利亚、南非、安哥拉之后）。

经过50多年的建设，喀麦隆各方面都取得可喜的成就，成为"黑非洲"国家发展的典范之一。农业持续发展，粮食安全保障达到较高水平，每年粮食自给有余，还能向周边国家出口，这在非洲实属不易。工业水平居"黑非洲"前列，初步形成以农产品加工为主的工业体系，有食品、饮料、卷烟、纺织、服装、造纸、建材、化工、水泥、炼铝、石油开采与加工、电力、木材加工等。基础设施也有一定的基础和规模。交通运输方面初步形成陆海空立体交通网络：公路总里程5万公里，其中国道4000多公里；铁路1000多公里；全国有15个机场，其中杜阿拉、雅温得和加鲁阿为国际机场；杜阿拉、林贝和克里比有三大海港，还有一个内陆港口，其中杜阿拉港是中部非洲重要的港口，也是内陆国家中非和乍得的主要出海口，年吞吐量1000万吨左右。值得一提的是，目前我国正在帮助喀麦隆扩建克里比港，修建深水码头，使其将来成为中西非一个重要的深水港。

在喀麦隆，通信比较发达便利，全国有三家私营的固话和移动运营公司。2011年移动通信覆盖全国80%以上，互联网企业有50多家。电力供应是喀麦隆短板，因为发展很快，电力供不应求。目前全国拥有11座发电厂，总装机容量1000兆瓦，正在加紧建设新的水力发电站和油气发电厂。金融服务业比较好，商业银行10多家，支付能力和盈利状况都不错。储蓄信用合作社700多家，保险公司30来家。国家的外汇储备保持在95亿美元左右。

喀麦隆的教育、医疗卫生和人民生活在非洲一直属于比较高的水平。历届政府非常重视发展教育事业，教育经费在政府预算中总是排在首位，约占

20%。全国中小学、技校 1 万多所，在校学生 270 多万，适龄儿童 85% 以上都可以入学。有 6 所国家级综合性大学和 10 多所高等院校，在校大学生 7 万左右。有国家级医院 7 家，省级医院 11 家，州级医院 40 家，县级和乡镇医疗中心 2000 多个，平均每 10 万人有 7 名全科医生。

喀麦隆对外奉行独立、开放、不结盟、睦邻友好和多元化的外交政策。外交政策稳健、温和、灵活、务实，强调相互尊重主权和领土完整，反对霸权主义和干涉别国内政，主张以和平的方式解决国际争端；对重大国际问题和地区问题一般表态谨慎；积极参与地区政治经济一体化进程，推动地区集体安全机制建设；注重非洲团结与合作，努力实现合作伙伴多样化；要求建立更加多元、公正的国际关系新秩序。

这个国家在意识形态上倾向西方，经济也是依靠西方。喀麦隆同前宗主国法国关系最密切，两国高层互访频繁，双方签订过几十个涉及政治、经济、军事、司法、文化、教育等方面的条约和协议。法国在喀麦隆各部门有 100 多个顾问，是喀麦隆最重要的合作伙伴，最大的贸易、援助和投资国。每年法国给喀麦隆直接财政援助 1 亿多欧元。喀麦隆同英国和英联邦国家关系也不错，因为英国也是它的前宗主国。英国和英联邦国家特别是加拿大等，在人权、良政、扶贫、高教等领域同喀麦隆有 30 多个合作项目。近 10 年来，喀麦隆还积极发展同德国等欧盟国家和美国的关系。美国已将喀麦隆列为"黑非洲"重点发展双边关系的国家，双方政府之间的合作主要是在军事、农业和教育领域，美资企业在喀麦隆侧重在石油、矿业、电力、城市交通等方面进行投资。喀麦隆同多数周边国家关系友好，行事低调谨慎。同邻国尼日利亚关系比较冷淡，两国对陆地和海域的边界存有争议，曾经打过仗。到去年为止，喀麦隆一共同 128 个国家保持外交关系。

二、风俗文化

第二部分，我想讲讲喀麦隆的风俗习惯和风土人情。喀麦隆全国有 239 个部族，使用 200 多种语言。南部和沿海地区居民信奉天主教和基督教，占全国人口大概 40%；北部和西部主要信奉伊斯兰教，占 20% 左右；东部、中部和边远地区大多信奉原始宗教，也就是拜物教，约有 40%。不论你是天主教、基督教还是伊斯兰教教徒，原始宗教必须得信奉，所以也可以这么说，全国都信奉拜物教。殖民统治带来一些西方文化传统，法语和英语成为喀麦隆的官方语言。部族众多，多种宗教并存，加上地处中部和西部非洲贝宁文化、苏丹文化和班图文化三大文化的交汇地带，这种特定的人文地理和历史文化环境，使喀麦隆成为非洲国家中传统文化和风土民俗最为丰富多彩的国家。

喀麦隆政府提倡弘扬并传承民族文化和传统艺术，反对照搬外国的东西；倡导忠于非洲文化，崇尚民族精神，鼓励发展多元文化，促进民族团结和文化融合。国家每年都要举办各种文化艺术节，其中国家文化艺术节规模最大，内容包括音乐、戏剧、舞蹈、绘画、传统工艺品展览等，每两年在各省轮流举行。除官方外，各个地区和部族也举办带有地方和部族特色的传统节庆和民俗活动。

喀麦隆民族音乐和传统舞蹈内容十分丰富，形式多种多样。各个部族歌舞表演的服装、道具和乐器不尽相同，而且都有自己独特的表演形式。多数舞蹈源于生产和日常生活，如模仿采摘、打猎、捕鱼、放牧、农耕、建筑等劳动和生活场景；有些是反映宗教仪式和社会活动，如祭祀、婚庆、丧葬、节庆等活动。表演形式有粗狂欢乐的，有悲愁忧伤的，也有舒缓轻柔的。有时候，传统舞蹈中夹杂一些现代杂技、体操、魔术、哑剧等，把风土传统和现代气息融合在一起，相得益彰，别有韵味。我在喀麦隆前后待了8年，这方面东西看得不少，深感非洲文化魅力无穷。随着城市化的发展，流行音乐、现代舞、油画等现代艺术在城市里慢慢流行起来，颇受城市居民特别是年轻人的青睐。

口头文化传播在喀麦隆有悠久的历史，是喀麦隆传统文化一大特点和重要组成部分。各地都有民间说唱艺人，非常活跃。他们大多头戴花草帽，身穿五彩衣，手持葫芦琴或牧笛，吹拉弹唱，且歌且舞，说唱结合，声情并茂，非常吸引人。他们平时走街串巷卖艺，举办大型活动时则是主

艺术节

力演员。口头文化传播在非洲非常盛行,喀麦隆说唱艺人独树一帜,久负盛名。

喀麦隆的雕刻艺术堪称一绝。木雕、面具、石刻、陶艺、铜雕、神器等各具特色,为非洲文化艺术遗产做出了特殊贡献。特别是乌木和红木木雕、面具、铜雕等工艺品饮誉非洲,名扬欧美。

喀麦隆木雕不但从整体风格上继承了非洲雕刻的主要特征,而且还有许多独到之处。一是讲究用料。不论是做面具、神像这些宗教道具,还是动物、果盘这类传统工艺品,还是木桶、坐凳这些日用品,都是用整块木头雕刻而成。二是注重通透。在整体构图中运用虚实结合、疏密对比的表现手法,显示出实体与空间布局在三维中产生的效果,从而表达雕刻艺人的创作思维和雕刻技艺。三是雕刻设计上求新求异。大多数作品比较抽象,有的是极端的变形。非洲雕刻都很有名,喀麦隆更有独门技艺。拿乌木人物雕像为例,一般的乌木雕刻都与信仰和宗教相关,题材大多是表现部族神灵或祖先。喀麦隆雕刻艺人认为,神灵和祖先是神圣的,他们充满智慧,能给人类思想、正义和力量。因此构图时将人物的头、躯干和腿做了不成比例的划分,头部硕大,躯干和下肢十分短小,而且头形和面部处理尽量夸张、变形,给人一种稀奇古怪的感觉,甚至把人和动物的特征在头部混为一体,造成匪夷所思的神秘感。喀麦隆木雕造型灵妙流畅,看似简单却千变万化。雕刻艺人利用乌木密实、坚硬的材质,经过精雕细琢和打磨,使黑色的芯材表面就好像罩了一层油脂,丝丝纹理隐藏在幽暗的光泽里,若隐若现,显得格外沉稳、厚实而具有内涵。你轻轻地摸一下,感觉就像丝一样光滑,拿在手上沉甸甸的,百看不厌、爱不释手。我非常喜欢这些东西。令人遗憾的是,由于砍伐过度,乌木越来越少。市场上的黑木雕,真正的乌木很少,大多是红木雕的,涂上些黑色的油,保留收藏的价值就差远了。

喀麦隆素有"非洲缩影"的美称,至今仍保留着撒哈拉以南"黑非洲"的风俗习惯。天主教、基督教徒规定一夫一妻制,穆斯林和农村地区基本上还是一夫多妻制。有的地区允许两种婚姻制度并存,但是结婚登记时必须要做出选择。在农村,男人多娶妻子既有显示其富有的需要,也有为家庭增加劳动力的考虑。过去儿女婚事完全由父母包办,现在男女可以自由恋爱,但要经过正式提亲、送彩礼等程序方可成亲。在城里,彩礼现在一般都给现金,乡村一般给粮食、牛羊、猎物、农具、酒水等。夫妻离婚,先要由家族长老或部族首领出面进行几番调解，实在不行才可以离婚，但妻子不准带走孩子。不少部族按照习俗，妻子去世以后，丈夫要娶亡妻的姐姐或者妹妹，以照顾小孩；丈夫去世，妻子必须嫁给丈夫的兄长或弟弟，以维持孩子的姓氏。北方富尔贝族笃信伊斯兰教，但却有同教规相悖的特殊婚俗，允许妇女再婚。女子初次出嫁要由父母做主，一旦离婚，再婚就不受家庭和社会的约束。东部还有一个非常怪的习俗，新娘婚后半年内不能在自己家里做饭，不能参加农耕仪式，不能摸公公婆婆家里的粮仓，也不能吃鱼、吃鸡，更不能当着公公婆婆的面啃骨头，如果你这么做了，那就是大逆不道。

喀麦隆各个部族都有自己独特的葬礼，而且十分隆重。每个地区的葬礼可按照本部族宗教习俗安排有所不同，但一律土葬。我们有的专家在当地牺牲或者病故，也得土葬，不能火葬。当地人认为，不满12周岁亡故的儿童被视为夭折，后事由家人处理，一般不惊动亲朋好友和四周邻居。老人去世那可是大事，丧葬的安排必须要符合部族的规矩。多数部族认为，人的死亡并不意味着生命的结束，死者将通过其灵魂继续存在。因此，老人过世不被视为悲事，而是欢庆的"喜事"。全部族的人都要为他送葬，而且要组织盛大的歌舞晚会和宴会。大家载歌载舞，大吃大喝，尽兴而归。有的部族认为，人死后灵魂先被发配到地狱，考验通过后，再飞到一个风景秀丽的仙境，变成永不泯灭的神灵。所以人在死后遗体下葬完毕，要在头顶部位盖上一个有洞的陶瓷盖子，为的是方便死者的灵魂从小洞中飞出来。有的地区夫妻一方去世以后，配偶几天晚上都要睡在死者身边陪伴，不让他的灵魂感到孤独，直到死者入土为安。有的部族，一家之主亡故，他的坟墓要埋在生前起居室的地下，表示死者仍然和家人住在一起，其灵魂会保佑全家。西部巴米累克人酋长去世后必须要在他的住宅内挖一个大圆坑，放上一把特制的雕刻木椅，将遗体坐在上面，再将土埋到他的头顶。两年以后，把他的头盖骨取出来，供奉在部族大厅里，让过世的酋长能够继续观察、知晓和裁判一切。据说，这种做法意味着酋长继续统治他的部族。有喀麦隆朋友告诉我，不少社会贤达和名流去世后也埋在他生前居住的房间里面。喀麦隆还有一个习俗，单身男女或婚后没有孩子的人辞世后，一般要埋在房前或屋后，两手各放一块石头，表示他们生前、死后均一无所有。铁匠在农村被看成是神人，能够控制水、火、风等，理应受到敬重，死后给予厚葬，全村人都要停止劳动一天以示悼念。

喀麦隆人尤其是女人非常爱美。女人把大量时间花在美化头发和穿着上。发型在喀麦隆不仅具有时髦的装饰作用，而且在重大喜庆、宗教场合有着特殊的象征性和纪念意义，也是人们年龄、性别、身份的标志。男性发型不多，一律短发，区别在于是平头、方头还是小分头，农村的都是光头。女性特别是年轻女性的发型千变万化：有用丝线扎成小辫，形成朝天而立的刺猬状的；有梳成一排排小辫垂向两侧的；有的在前额正中垂下一根根细心编织的粗短或细长的发辫；有的在头顶像弓一样翘起一缕缕头发，这样显得庄重、精神又很别致；有的先编成辫子再盘成髻状、网状；还有在发辫上饰以贝壳、珠子或者硬币；更有神的，是将椰果、甜梅、香蕉、苹果等插在发髻上，用于装饰，饿了也可以食用，别具一格。由于发型的设计和造型对梳头技巧要求很高，加上发型样式比较复杂，做起来费时费力，所以一般要几小时甚至一整天才能完成。

着装方面，喀麦隆男人穿得比较简单，一般上身是短装，下面是长裤。上装五颜六色，对比鲜明，光彩照人。穆斯林平常都穿单色的长袍，无领有袖，讲究宽松、飘逸。女人大多偏爱大提花和仿蜡花布。咱们搞纺织品出口的一定要注意，碎花、单色花不要运到"黑非洲"，就大花、仿蜡花布最受欢迎，色彩鲜明，反差匹配，图案夸张，富于变化。比较讲究的贵夫人，衣服一般都有刺绣，款式为翘肩、低胸、掐腰和带裙钗，喜欢包头布，上衣和下身的围裙都用同一颜色的布料制成。在喀麦隆，许多妇女都穿袍式衣服，用料很多，至少3米。这个有不少用处，平常可以缠在腰上；有孩子的时候就把孩子裹在后面背着；大小便的时候用来罩着遮丑；衣角打个结就可以作为钱包和布袋，可以放粮食，等等。这些年还出现一个新的现象，在大型庆典、公共集会上，同一个组织、党派或团体的妇女着装要求穿统一花色的，还要印上国徽和领导人的头像。

饮食方面，南北地区差异较大。南方人主要吃面粉、谷类、薯类等，北方人主要吃大米、小米、玉米、高粱等。农村人一天只吃早、晚两顿，中午就搞点野生的香蕉、杧果啃一啃。城镇居民习惯吃面包、米饭，但每家都要准备一些家乡常吃的主食或者小吃。喀麦隆人特别好客，尤其是对外来的客人显得格外热情、友善和真诚，往往会穷尽家中所有款待客人。我见到的款待客人的膳食大同小异，都是将羊肉、牛肉、鸡块、鱼块油炸以后，拌上西红柿、花生和辣椒酱，再放一些素菜或者木薯叶子，加上棕榈油放在大锅里面炖，炖烂了之后浇在米饭上或用面饼卷着吃，味道不错，别有风味，能够充分体现喀麦隆人民舌尖上的文化。喀麦隆人做饭比较讲究，这跟我们有很多相似的地方。饭菜种类很多，口味比较适合我们中国人。重大国事活动或外事宴请，一律是正式西餐，着装和宴会程序完全是西方的一套。家庭私宴全部是按当地习俗办。真正地道的家宴是用手抓着吃，进餐的时候每人面前有两杯水，一杯是喝的，另一杯是用来餐前或者餐中洗手的。一盆主食，一盆菜肴，放在地毯或草席中间，宾主围着坐。每个人用左手按住饭盆，右手的食指、中指和拇指将主食捏成小团团，放在菜盆里面滚一下，夹上一块肉或者一块鱼放进嘴里。动作要干净利落，做到饭菜尽量不要沾手指，更不要撒在地上。对贵宾，主人还要准备棕榈酒，放在一个装有几根吸管的大葫芦里面，宾主一起吮吸，共同享用美酒。这是表示最高礼遇。我多次参加这样的活动，也是我最不习惯的：大家头对着头喝酒，受不了。

喀麦隆的民居因部族和地区不同，有很大差异，但是共同的特点就是简单实用。北方人传统住房是用黏土掺和沙石筑成，房子一般高五六米，墙上只开一道门，屋顶有一个小天窗，圆的，整座房子就像一个放倒的水缸。游牧部族住的都是茅草屋，一般是用木头柱子撑起来，再用茅草铺顶，墙壁用树枝和茅草编织起来再抹上一层泥巴。山区的住房都是用石头垒起来的，尖顶，顶部用黍秸秆或者茅草围成圆形，上面再套一个锥形的瓦罐，老远看就像欧洲中世纪的古堡尖塔一样。这样盖房的好处是既可以防寒防暑，又能够防风防雨。一般这种房子只有一扇门没有窗户，家家都有一个阁楼用来储存粮食。当地盛行一夫多妻制，每家都有一个庭院，由若干尖顶的茅屋组成。男主人住在庭院里最大一个茅屋里面，妻妾分住在其余的茅屋里。一个妻子死了就把茅屋拆了，所以你数他们家茅屋有多少，就能看出这家主人有几房妻妾，也可以了解他们家人丁兴旺不兴旺。东部、南部的居民大多住茅草屋，建筑样式有圆锥形、尖塔形、三角形、人字形还有拱形。西部的巴米累克族比较富裕，住的虽然也是茅屋，但都要在山清水秀处找一个地方，别致幽雅。很多人家都有庭院，四面用竹子或者树枝围起来做篱笆，院内种植一些花草、果树；房屋的前脸都有雕梁画栋，上面雕刻一些粗犷生动的神器或者圣人的画像；大门用竹片拼成，上面镶有象牙、贝壳组成的几何图案。房基都比地面高出几十厘米，主要是防渗水和野兽进入。房顶椭圆形，盖着厚厚的茅草，好像一个硕大的蘑菇似的。西南部多雨，这样即便是倾盆大雨，也不会有水漏到屋子里面去。

喀麦隆人特别讲究礼仪，注重礼节。同事见面，相互问候。初次交往一般是握手寒暄，关系好的人碰到了，大家都互相拥抱，贴贴脸蛋，寒暄问安。会见要人，你可以问好致意，如对方伸出手或要拥抱你，可以顺其自然。但是对于大酋长或宗教领袖，一般你不能同他握手和拥抱，只能远远地站着看。有的部族规矩很特别，对酋长你要站在两三米远的地方，把身体侧过来，两手贴着耳朵，击掌三次，表示对他的尊重和问候。遇见外宾，当地人为表示真诚友好，往往都鞠躬致敬、鼓掌欢迎，有时候还讲一些祝福之类的话。女的大多行弯腰、屈膝礼。参加官方正式活动，着装要求比较严格，要穿西装或者民族服装，衣冠不整的人不准参加。这是非常严格的，我们有一些专家或工程技术人员，参加国庆招待会时穿衬衣，人家就不让进去，很难堪。正式场合交谈不能有勾肩搭背的举动，也不能摸人家小孩子的头，因为这会被认为不礼貌、没有修养。

喀麦隆许多部族都有文面的习俗。无论男女，脸上都画有各种奇形怪状的图案，有的是几条刀痕，有的是几个五角星，还有的是三角形，甚至把公鸡或者蝎子的图案也文到脸上、手臂上。这些纹饰都有特殊的含义，属于各个部族的祖传秘密，绝不向外人透露。所以同当地人交往，对于对方脸上的纹饰千万不要出于好奇老盯着看，更不要问是什么意思，否则会引起反感，自找没趣。

三、旅游景观

第三部分，想给大家介绍喀麦隆一些非常有特色的、值得一看的景观。喀麦隆地形奇特，气候多样，生物种类繁多，风景秀丽，自然遗产非常丰富。这里集中了非洲大陆几乎所有的地形地貌，非洲几乎所有的植物都能在这里生长，非洲几乎所有的野生动物都能在这个国家看到，还有多处人类珍贵的自然遗产。全国有 11 个国家级的野生动物保护区和国家公园，里面有 1700 多种植物，包括 1500 多种稀有天然的植物、1200 多种野生动物，包括数量可观的大型珍贵野生动物。各地有 300 多个旅游景点，吸引大批来自世界各国的观光游客。据统计，喀麦隆年均游客有 200 万左右。

下面讲几个我自己多次去过的颇有名气的地方。第一，讲讲"国中之国"——丰班大酋长国。喀麦隆一直保留着酋长制，目前全国仍然有 190 多个大小酋长。酋长领地分为五类，地处西南地区巴盟州的丰班大酋长国，是全国最大的穆斯林酋长国。丰班是一个中等城市，既是巴盟州的首府，也是巴盟苏丹王朝的都城。巴盟王朝建于 1394 年，16 世纪从北方迁移到西部丰班，以武力确定了王国的疆界，到今天已经十九代。第十六代苏丹王恩乔亚是历代国王中建树最多的一个国王，他组织挖壕沟、建城池，创办学校，修建档案馆、图书馆、博物馆，兴建手工艺街。他还发明巴蒙文字，这在"黑非洲"是仅存的、唯一由黑人自己创造的文字，并亲自用巴盟文撰写了好几部著作，对巩固王位、发展生产、推动手工业和传统艺术的发展做出了杰出贡献。今天的丰班，旅馆、商铺、作坊林立，花草遍地，绿树成荫，街上游客和行人熙来攘往，整个城市都很热闹。巴盟王宫是酋长国规模最大最豪华的宫殿，它不仅是国王接见群臣的府邸，也是国王处理朝政和会见客人的官邸。国王挺勤劳的，每天早上 5 点钟就上朝。王宫前院有一个方形的大广场，中央建有代表典型巴盟部族传统建筑风格的大草堂，四周矗立一组粗大的立柱，上面雕刻着各种神器和图案。大草堂里存放着一个巨大的达姆战鼓，是用参天大树凿空而成的，至今仍能使用。据王宫里的人讲，鼓声可以传到方圆 60 公里。这可能有些夸张，但可以想象它在战争年代所起到的作用。现在每年重大节庆仪式，还用这个鼓。王宫的左边是陵园，右边是历史博物馆。馆内陈列着十几位国王的宝座和遗物，还有各种兵器、锁子甲、青铜盾牌以及各种战利品。在"黑非洲"，所谓战利品，多半都是人的头骨。王宫后面建有传统博物馆，陈列着考古文物、木雕、面具、泥塑、铜雕等珍贵工艺品，草编、刺绣、棉纺等民间制作，以及桌椅家具和铁制农具等。现任丰班王恩乔亚是第十九代苏丹王，他年轻时一直在政府任职，多次担任政府部长，目前还是喀麦隆执政党人民联盟的中央政治局委员。恩乔亚国王对我们中国非常友好，曾四次访华。2003 年 11 月，我在喀麦隆离任前，丰班王授予我"宫廷御前大贵族"称号。这个爵位排在首相和枢密大臣之后，位居第三。巴盟王宫已被列为世界文化遗产，成为外国游客到喀麦隆的首选观光之地。

第二个给大家讲一讲原始森林里的俾格米族"小人国"。前面我讲到，喀麦隆最早的土著居民是俾格米族人。俾格米族人是非洲最早的四大土著黑人族系群之一，一直生活在原始丛林里。由于时代的变迁、气候的变化和环境的改变，非洲原始森林逐步减少，俾格米族人的生存空间不断受到挤压，影响严重，人口急剧下降。据统计，现在大概还有十几万人，主要生活在中部非洲的喀麦隆、中非、刚果（布）和刚果（金）等地的热带原始森林里面。俾格米族人由于身材矮小，平均身高一米多一点，没有超过1.5米的。葡萄牙人最先发现俾格米族人，称他们为"小人国"。这是一个特殊的原始部落族系群，他们没有国籍，也没有固定的住所，过着原始的群居生活。大人小孩几乎全部赤身裸体，有时候见到外面来的人就用几片树叶或者兽皮遮住下身，或者用手捂住；女的一般见了生人略显羞涩，有河沟的都蹦到河沟里面躲起来。族群内部有一些规矩，本家族的人之间不准同居，否则血缘就乱套了。劳动有明确的分工，男人负责打猎、捕鱼和逮白蚂蚁，女人负责采摘、挖木薯和照料小孩。劳动的成果以及政府提供的一些物资百分之百地平均分配，任何人包括族长都不能享有特权。对于老人、孕妇和幼儿，族内还是有所照顾的。住的是用树枝和椰树叶、茅草搭的草棚，矮小简陋。族长的草棚一般建在中间，其他人的草棚就建在四周，家家相连相通，形成一个简易的圆形建筑群。草棚里没有任何家具，族长睡在用树皮做成的垫子上，其他人就睡在铺有干草的地上。一片森林里的野兽打完了、野果没有了就换一个地方，旧的草棚丢下不要了，到新的地方再建新的。我多次和俾格米族人接触，他们性格温和，纯朴善良，与世无争。俾格米族人欢迎外人去参观考察，有时候提出一些小的要求，希望能给他们一些盐、肥皂、糖果等。

第三个说说德贾野生动物保护区。它位于喀麦隆南部高原中心区，面积52.6万公顷，是喀麦隆面积最大的国家公园和野生动物保护区。区内有小平原、丘陵、山谷等多种地形，年均温度23摄氏度，降雨量1500多毫米，地表潮湿、温热，森林茂密，植被繁多，是野生动物嬉戏、繁殖最好的地方。这里既有国家重点保护的大型野生动物，像大象、野牛、犀牛、狮子、长颈鹿、大猩猩、黑猩猩、山魈、非洲豹，也有一些长尾猴、金丝猫、蹄兔等珍稀的动物，还有当地特有的鳄鱼、陆地龟、巨型蜥蜴、长尾变色龙等爬行动物，以及犀鸟、红嘴鹦鹉、花斑猫头鹰等几十种珍贵鸟类。因为保护区太大，植被浓密，阴雨绵绵，人烟稀少，道路不通，加上从来没有人进行过全面的考察和科研，所以这里到底有多少野生动物，至今仍然没有统计出来，也不清楚。德贾保护区在热带非洲是很有特色的，1982年被列入《世界文化和自然遗产保护名录》。如今，这里已成为喀麦隆重点开发的热点景区。

第四是卡普希基的"月球景观"。卡普希基在喀麦隆的北部，位于曼达拉火山山脉。由于雨季和旱季的交替作用以及热带烈日的暴晒，原本绵延起伏的山脉变得支离破碎，加上新老火山长时间的侵蚀，逐渐就鬼使神差地造就出许多错落不齐、形态各异、彼此独立的红色的山丘。这些山丘远远地望去，一座座或如圆环，或似弦月，或像尖针的岩山，星罗棋布，绵亘不绝。走到近处看，那些尖针岩山或大或小，座座突兀，如同一根根赤色的钢针，所以被当地人称为"卡普希基之针"。你要在地下捡一块岩石放在手里掂一掂，会发现这个石头很轻，上面布满孔洞，非常像宇航员从月球上带回的月岩。据科学研究，这些山丘的生成和月球上的环形山有许多共同之处，都是在死火山的作用下形成的，都受侵蚀作用的影响。因此卡普希基的景观酷似月球表面也就不足为奇。法国大作家安德烈·纪德惊呼，这些美景是"上帝赐予人间最美丽的图画"，而且说这是他第一个发现的。喀麦隆人并不承认，也不以为然，因为当地人早就发现了这些景观，而且近来的科学考察也证明，这种地形地貌已经存在几十万年了。如今，以"卡普希基之针"为代表的月球景观已经成为喀麦隆国家标识之一，更是政府旅游部门极力推荐的国家级旅游景点。大家要去的话，建议选旱季，就是每年的11月到第二年的3月。雨季不能去，路不通。

第五个要讲一下山腰喷火的喀麦隆火山。远近闻名的喀麦隆火山在西南部的布埃亚，这里有喀麦隆独一无二的天然奇观。从布埃亚城出发，公路两旁到处都是火山爆发后形成的多锥形山丘，海拔一般在1500~2000米。其中喀麦隆火山长50公里，宽25公里，顶峰海拔4070米，由玄武岩构成，呈椭圆状，矗立在大西洋的岸边。大家知道，一般火山都是从山顶喷发，而这座火山却从山腰喷发，远远看就像一座喷火的战车。据记载，早在公元5世纪，古代迦太基航海家哈隆就曾经路过这个地方，亲眼看到火山爆发时的壮观，称它为"神之战车"。喀麦隆火山一直很活跃，仅20世纪就喷发过5次。1959年的一次规模最大，持续了一个多月。最近一次是1999年，持续时间不长，但熔岩喷发量前所未有。据喀麦隆火山专家介绍，喷发时地动山摇，巨大的岩浆喷薄而出，顺着山势奔流而下，直接流向大海。火山摧毁森林和草地，掩埋许多村庄，引发熊熊大火，烧着西南部的半边天。火山爆发后，沿途形成一条长 20 多公里、宽 1.5 公里、斜坡 30 度的熔岩覆盖面，就像一架蜿蜒曲折的天然大滑梯，一直伸到大海中。我 1991 年底被任命为驻喀麦隆参赞，1996 年离任，未赶上 1999 年那次火山喷发。2000 年我到喀麦隆当大使后曾去踏看火山，顺着山势可以一直爬上去。火山虽已熄灭，踩着还软软的，但是热得不行，脚不能停，不断抬腿走才行。火山爆发必然要造成一些灾害，但也给当地带来不少好处。山腰喷发的大量火山灰形成厚厚的火山灰土壤，养分非常充足，土质非常肥沃，不仅可以生长茂密的森林，也成为盛产橡胶、油棕、香蕉、菠萝、胡椒的宝地和最好的农田。而且，火山灰也是最好的生产水泥的填料，我们国内有多家水泥厂曾派专家去考察过。

喀麦隆火山的景观是非常奇特的：山顶经常雪花飘飘，白雪皑皑，寒气逼人；山腰受地热和阳光双重蒸烤，热气腾腾，云雾缭绕，闷热难熬；而山脚下林木葱郁，花果茂盛，气候温润，特别宜人。所以游人从山下登到山顶如过三重天，可以亲自体验到大自然的无限风光。

下面介绍林贝的"巧克力"沙滩。林贝是喀麦隆西南著名的旅游城市，面朝大西洋，背靠喀麦隆火山，海岸蜿蜒曲折，形成一个个美丽的海湾。林贝最迷人的是，这里有闻名于世的"巧克力"沙滩。实际上，这些黑色沙滩都是大自然的造化，主要是火山爆发作用的结果。火山喷发的熔岩和火山灰流入大海，与海边的泥沙掺和在一起，经过海水和海风经年累月的冲蚀和风化，使熔岩和泥巴合二为一，最终成为今天有着巧克力颜色的黑沙滩。黑沙滩的泥沙里含有许多火山灰的成分，还有不少微量元素，具有特殊的理疗功效，能够治疗皮肤病，缓解腰腿疼。而且林贝海湾景色秀丽，环境优美，建有许多高档饭店、酒馆、商务中心、会所和体育娱乐设施，设备齐全，居住安全。海边还有一些休闲别墅、酒吧、理疗中心、按摩室、公共和私人的浴场、海上运动俱乐部，吸引着各方来客。漫步在林贝海滩，蜿蜒静谧的黑沙滩和迎风摇曳的椰子树一直往前延伸，直到浩瀚澎湃的大海，所以心情无比舒畅。你躺在阳光下的"巧克力"沙滩上，身体埋在黑沙泥土里，出一身热汗，喝点清凉椰汁，浑身惬意。林贝依山傍海的秀美景色和"巧克力"沙滩让人流连忘返，堪称旅游、休闲和疗养的理想之地。此外，林贝靠近喀麦隆全国第一大城市——杜阿拉，乘车从海边到工商业重镇和贸易中心，沿途不仅可以领略数百万公顷的橡胶种植园、油棕林、香蕉园、咖啡可可园等乡村风光，而且还可以参观利姆比热带植物园。这是由德国人建的，园内有许多珍贵的古藤老树和奇花异草。

再给大家介绍一个景点：克里比瀑布入海。克里比是喀麦隆南部滨海旅游城市，素有"蓝色海岸"之称。这里的大海没有污染，海水清澈、瓦蓝。海湾地势平坦，海滩覆盖着金黄色或灰白色的细沙。海湾公路两旁种了许多椰子树、棕榈树、五彩梅和三角梅，风景如画。克里比最有名的景点，当属洛贝河口瀑布。洛贝河位于克里比城的南端，与海平面落差几十米。由于雨量充沛，河水水量大、流速快，激流奔腾而下，在河口直泻大海。河水飞流，同海水回流交汇在一起，冲撞激荡，形成30多米高、200多米宽的瀑布带。瀑布入海发出雷鸣般的轰响，四周浪花飞溅，白雾一片，天空经常出现七色彩虹；瀑布上方，数不清的海鸥低空盘旋，唧唧欢唱。瀑布声和海鸥声融合在一起，演奏出一曲曲奇妙的天然交响乐，蔚为壮观，令人惊叹。

克里比附近潟湖很多，是游船俱乐部汇聚的地方。你可以划独木舟，也可乘快艇、摩托艇游弋，饱览海湾景色。如果有兴趣，你也可以造访当地的渔村，跟随渔民下海捕鱼捉虾，或许会有不可思议的收获和无穷的乐趣。还可以请来向导，带着你进入森林深处，去探访俾格米族"小人国"。此外，海岸周边的一些民俗村也值得看一看，有不少手工作坊生产竹藤编、草编、土布、蜡染、绣花、木雕、面具、串珠、乐器等，选上几样工艺品，也不枉喀麦隆之行。

四、中喀关系

第四部分，跟大家讲讲中国同喀麦隆的关系。喀麦隆于1971年3月26日同我国建交。40多年来，两国关系一直平稳顺利地发展。

政治上，双方高层领导互访不断。喀麦隆很重视我们国家的大国地位，坚定奉行一个中国政策，积极发展对华关系。在国际事务中，喀麦隆与我国密切合作。2000年，两国外交部建立了政治磋商机制。

经贸合作上，喀麦隆是我们国家在中部非洲重要的经贸合作伙伴。两国签有贸易、经济技术合作协定。我们在喀麦隆设有投资开发贸易促进中心。贸易方面，早些年，双边贸易额保持在 1 亿美元左右。我当大使的时候，两国贸易开始加速发展，2002 年双边贸易额达 1.6 亿美元。之后，两国贸易额快速增长，到 2012 年达到 20 亿美元，十年之内增加了 10 倍。我国主要向喀麦隆出口机电、家电、工程机械、轻工产品和纺织品，近年来又出口汽车、民用飞机等，进口喀麦隆的木材、棉花和石油。

经援方面，迄今，我国共向喀麦隆提供各类援助 38 亿元人民币，其中无偿和无息援助 6.3 亿，低息贷款 10.8 亿，优惠贷款 21 亿。在援助款项下，我们完成了会议大厦、拉格都水电站、妇儿医院、综合体育馆、光纤传输骨干网、市政供水等 22 个成套项目。

文化、体育、教育交流合作方面，两国签有文化合作协定。双方文化交流合作较为密切，文化代表团、艺术团互访不断。教育合作发展较好，我国向喀麦隆多次派遣教师组，并在雅温得第二大学先后建立了汉语教学培训中心和孔子学院。至今，我国已接受 200 多名喀麦隆留学生来华学习。2013 年，在中国的喀麦隆留学生有 40 多人。1975 年以来，中国共向喀麦隆派出 17 批医疗队。我国湖北省、沈阳市和太原市分别同喀麦隆南方省、雅温得市和杜阿拉市建立友好省、市关系。2006 年，我国宣布将喀麦隆列为中国公民出境旅游目的地国。

（根据 2014 年 5 月 15 日讲座录音整理，有删改）

地大物博的

刚果(金)

主讲人　吴泽献

〔2007.3—2010.11 任中国驻刚果（金）大使〕

　　我去刚果（金）工作之前，有个不了解刚果（金）的朋友听说我要去那儿，第一个反应就是：哟，你要去一个非洲小国呀？我跟他讲，这个国家好像不那么小，国土面积是230多万平方公里，是中国国土面积的近1/4，也相当大了。我去了以后确实感受到这个国家幅员辽阔，从首都到其他主要城市一般都得坐飞机。幅员辽阔可能对我们中国人来讲无所谓，但是刚果（金）在世界上跟其他国家比，特别是跟欧洲国家比，它的面积就很大了。

吴泽献大使

　　当然，光是面积大不能说明多少问题，我去了以后还有一个体会是"物博"。真正是地大物博，自然资源极为丰富。极为丰富这个"极"字也不是随便说的，我马上就来跟大家讲一讲。

　　首先，它这个230多万平方公里，有一半是原始森林，也就是说，相当于中国国土面积1/8那么大的地方是原始森林，而且其中有相当多的名贵木材。这片森林跟亚马孙河流域的森林同为世界上两片最大的原始森林，被认为是世界上的两片肺，因为大面积的森林能够大量造氧。除了原始森林，剩下的一半土地是什么状况呢？基本上都是可耕地。从飞机上往下看，一望无际全是绿色，真是锦绣大地。据统计，除去有些不适合农耕、只能放牧的山地，大概有 1.2 亿公顷可耕地，就是 18 亿亩，相当于咱们要保的可耕地红线。我们这点地要养活 13 亿人，而刚果（金）才 8000 万人。所以这个国家老百姓吃饭不成问题。

　　根据我的观察，很可惜，大量的可耕地没有开发。我想有两个原因。一是它没有那么迫切的需求，8000 万人够吃饭，用不着把那么多可耕地都给开发了。二是整个经济发展程度比较低，因为开发农业不是说种粮食越多越好，得考虑收益。粮食得卖出去换成钱才行，然后再换成所需的生活资料。如果整体经济发展水平不高，商品流通渠道不广，地种多了，生产的粮食不能换成别的财富，这就没有意义了。我就生产这点，够我吃了就行。所以，尽管刚果（金）的可耕地面积很大，但是农业并不是太发达，还是那种比较原始的小农经济。不过刚果（金）的农民，我觉得还是比较舒服的。你也不能说他就不辛苦，但是比起我们的农民来说就要幸福得多了，因为他那儿自然条件太好了，既没有旱灾，也没有水灾，永远风调雨顺。这得益于这个国家的森林植被、气候和地理位置。首先，有大面积原始森林就有降雨，所以刚果（金）的母亲河——刚果河永远不会干枯。其次，这条河永远不会泛滥，始终保持恒定的水流量。为什么呢？因为刚果河的源头是在赤道的南边，从南向北流，它穿越赤道，到了北边以后拐一个弯，又回到南边，形成一个河套，这样两度跨越赤道，造成一个特殊现象，就是不论太阳对气候造成什么样的影响，对刚果河流量的影响都不大。这儿如果是旱季，那儿就是雨季，也就是说刚果河流经的区域轮流经历旱季和雨季，这样总体看降雨就很均匀。而且，刚果河长达 4600 多公里，流域面积广，这就使位于赤道两边的刚果（金）能够充分受益。即便是到了旱季，刚果（金）也不缺水，因为雨季时地下储存了很多水，地下水很充足，而且刚果河源源不断带来水。

　　除了森林资源和可耕地资源，这个国家在国际上最引人注目的是矿产资源。首先是铜，占世界探明储量的 15%。铜的用途广，需求量大。早在一个多世纪前，比利时就已经在刚果（金）开采铜矿了，到现在还有家很大的比利时家族企业在那里。一些规模相当大的外国企业，主要是西方跨国企业也在那儿开采铜矿。跟铜伴生的还有一种金属叫钴，这个钴现在在电子工业方面用得很多。手机或者其他许多电子产品所用的锂电池里需要加钴，所以钴的用量很大。但钴是稀有金属，世界上产钴的国家不多，而刚果（金）的钴储量是世界第一。开采铜矿的企业同时也在设法把这里面的钴分离出来，因为钴比铜要贵 10 倍。除了铜、钴，刚果（金）还有钻石，产量是世界第一。可能大伙要问，不都说南非是世界第一吗？情况是这样：南非的钻石更多是首饰钻，刚果（金）也有首饰钻，但更多是工业钻。这两种钻石有点区别。据懂行的人说：首饰钻外观更好看，讲究光泽、颜色、形状；工业钻主要是硬度高，用在工业上。刚果（金）的钻石不仅产量世界第一，已探明储量也是世界第一。

刚果（金）的矿业资源，已探明的和没探明的是什么概念？已探明的是少部分，没探明的是大部分。为什么没探明的不去探呢？很简单，它的基础设施不行，大部分地区交通不便，公路状况很差，原有的少量铁路线都已荒废了，只能坐飞机。在这种情况下，要是大规模地进行地质勘查，成本就很高。国家也好、企业也好，都要讲效益，进行地质普查要看投入和回报的情况。现在许多企业都集中在早就进行矿业开发的刚果（金）东南部加丹加省，其他地方都没有进行详勘。从刚果（金）的地质结构看，如果其他地方将来条件具备的话，还会发现储量更多的各类金属。除了刚才说的铜、钴、钻石，还有金、银、铌钽合金等。总之有各种各样的稀有金属，专家称这个国家是地质宝库。刚果（金）铁的储量也很大，但现在没人开发，因为既然有铜和钻石这类比铁更来钱的资源，铁就没有吸引力了。

除了金属矿产之外，刚果（金）还有石油。但是除了沿海开采少量石油外，内地并未开采，原因还是基础设施不行。如在内地开采石油，得有输油管输到海边港口，再出口卖钱。建输油管要有公路、铁路，如果先修公路、铁路，然后建输油管，成本就高了。目前来讲，投资石油不如投资铜、钴这些，所以目前还没有人在刚果（金）内地投资开发石油。刚果（金）一大片国土是盆地结构——刚果盆地，这是世界上最后一个大面积的没有进行详细勘探的盆地结构。根据地质专家的说法，盆地结构有石油的可能性很大。有些国家，如美国、英国、巴西，在刚果盆地进行了少量初勘，试探性的，感觉不错，成油的迹象比较明显。现在的问题是，什么时候开采经济效益才能更好，让那些大公司觉得在刚果（金）投资别的不如开采石油？这其实就要看世界上各种金属矿产和石油的开发情况。比方说铜开采完了，来钱的事没了，就得开采石油了。或者说世界上石油供应越来越紧缺了，别的地方开采得差不多了，这个地方的开发成本相对来讲就不那么高了，就会有人投资开发。此外，还有与石油伴生的天然气。

总之，由于基础设施不完善，刚果（金）很多矿产资源都被保护起来了。刚才说的森林资源也是这样。大面积的森林，好多名贵树种，为什么没有被砍光呢？没有路啊。现在的木材开发是采取什么办法呢？是利用刚果河。开发林木的公司都是沿着刚果河开发，然后用船将木材运出来。刚果河上有大客轮和驳船，可以载人、装木材或者装其他生活用品。乘船是刚果河沿岸居民的主要交通方式。除了少数人坐飞机之外，一般老百姓就是坐船。船走得很慢，全程要走几天几夜，但如果是旅游者，在原始森林里面、在一个纯自然的环境里边乘船游历一番，肯定是很有意思的。

再说说刚果（金）的水利资源。刚果河是世界上水流量第二大河，除了亚马孙河就数它。在刚果河的下游建有一个规模相当大的水电站，叫因加水电站。两期工程，装机容量175万千瓦。这个水电站还没有充分利用刚果河的水流量潜能，所以还在规划建三期，总装机容量将达480万千瓦。远景规划是总装机容量4400万千瓦——将近三峡电站的两倍。如建成，它的供电就不仅是满足刚果（金）了，而是要供应几乎从南非到埃及的大半个非洲。有这个规划，但是谁来投资？世界银行对这个项目感兴趣，世界上不少企业和投资者都盯着。一旦这个项目做成功，这个很清洁的水电资源，是取之不尽、用之不竭的。石油会枯竭，刚果河则千万年流淌不息，刚果（金）的水利资源是不会枯竭的。

说来说去，就是这个国家的各种资源太多了，还有很多潜在的待开发资源，发展的前景太广阔了。包括刚才说的可耕地，如果好好开发，粮食出口到其他地方能养活多少人！我想，有朝一日世界上其他地方的资源开发得差不多的时候，可能大伙都得瞄着刚果（金）去了。

当然，首先是这个国家自己要发展。近年来，刚果（金）的经济增长还是相当不错的，每年增长好几个百分点。这个国家如果继续加速发展，要不了多少年就能让人刮目相看，因为它的自然条件太好了。它大量的东西可以出口换成需要的财富，同时逐步建立起自己的工业。比方说，矿产资源就别拿到外边去加工了，自己加工多好，能获得高附加值。石油也应该自己炼。现在少量的沿海石油开采后运出去加工，然后再将成品油运回来，不划算。

那么这样一个国家，它同中国的关系如何？很好！领导人和民众对我们很友好，多年来双方合作成果不少。我们帮助刚果（金）搞了不少建设项目，还有不少个体商户在那里经营日用百货。

关于两国文化交流，我在刚果（金）的时候曾有河南省艺术团到访。艺术团除了演豫剧之外，就是一帮小伙子表演少林武术，那在非洲是很受欢迎的。艺术团在议会大厦表演了一场，很多人去看，然后又到刚果（金）国家电视台表演，口碑很好。

总体来讲，我们和刚果（金）各方面的关系都不错。这个国家有那么好的发展前景，我们要继续推进中刚互利友好合作。

现在我给大家看一些照片，大家会有更直观的印象。

首先看一看首都金沙萨。这是刚果（金）的国家电视台大楼，河南艺术团那次演出有一场就是在这里边。这是在一条马路边上，最近这几年我们的企业帮它把城里的主干道给修了，做得很漂亮。这是刚果（金）议会大厦，是 20 世纪 70 年代我们援建的。这些援建项目在非洲产生了积极影响。

刚果（金）国家电视台大楼

刚果（金）议会大厦

　　这是从使馆楼顶上看刚果河。刚果河在金沙萨拐了一个弯，拐弯处河面变得非常宽，像湖一样。这排树长在湖中间的一个长岛上，树影婆娑，景观非常好。这是河边的轮渡码头，对岸是刚果（布）的首都布拉柴维尔，这两个国家的首都就是一河之隔，坐轮渡十几分钟就过河了。

刚果河

这是金沙萨郊区的一个艺术公园，在刚果河边。公园里有小餐馆，可以喝点冷饮，吃点烤鱼。一个刚果（金）的小型艺术团队正在表演，跳传统舞。有店铺卖点小手工艺品。真是个返璞归真的地方，纯天然。我在刚果（金）没见过衣衫褴褛、面黄肌瘦的人。尤其是孩子们，学生都穿着校服，一般都是白衬衫、蓝裙子，或者是白衬衫、蓝裤子，都洗得干干净净。家长很重视卫生，孩子的衣服都洗得干干净净，衬衫雪白，精神面貌都不错。

刚果（金）传统舞蹈

金沙萨郊区有个猩猩保护园。这个园区是一家德国慈善机构建的，目的是让世界上的动物爱好者知道刚果（金）有一种特殊的猩猩，就是一种智商很高、跟人类很接近的特殊猩猩。这种猩猩真是跟我们人类差不多。你要给它们食物，它们马上就拿起来吃了。有一回我给一只猩猩照相，它不愿意，从地上抓一把土就往我这扔。还有一回我陪几个国内来的客人去看猩猩，到了那儿发现没带什么吃的，有位客人掏出一张折叠好的纸巾扔给一只猩猩，那只猩猩大模大样地把纸巾展开放在手上擦擦脑袋上的汗。你要是扔一瓶矿泉水给这种猩猩，它会拧开盖喝。如果是空瓶，它会到旁边的水槽里去灌水喝。

刚果河的下游建有马塔迪港，它是刚果（金）的主要港口，离首都大概两百公里。这个地方河床比较深，是个内河港。从刚果河入海口溯流而上，到这儿船就不能再往上行了，因为有瀑布。所以要在这儿卸货，然后再靠公路运输，到金沙萨之后又可以用船向内地运输了。

刚果河流入大西洋，刚果（金）西部的货物进出口主要通过大西洋。这是刚果河下游另外一个港口波马港，更靠近入海口。刚果（金）东北部的货物进出口主要通过公路连接肯尼亚的蒙巴萨港，依靠印度洋。东南部的进出口也要通过公路，连接南非德班港。其实如果坦赞铁路能充分发挥作用的话，刚果（金）东南矿业大省加丹加省及周边地区的进出口由坦赞铁路运输可以更加经济、快捷。

再看看刚果（金）东部。这是东部边境的基伍湖。这个地方离首都1000多公里，去之前我也想不到风光这么好，湖光山色，很漂亮。基伍湖长将近90公里，最宽的地方将近50公里，是一个大湖。非洲东部大湖地区就是指这一片的几个大湖。基伍湖还不是最大的湖，它的南边有一个更大的，也在刚果（金）边境上，叫坦噶尼喀湖，是刚果（金）和坦桑尼亚的界湖，那个湖比这个要大得多了，跟海一样。

基伍湖

　　我国派往刚果（金）的维和部队有两支，一支是医疗部队，还有一支是工兵部队。医疗部队就在布卡武城里，工兵部队在城外湖滨。

　　我们维和部队的医疗分队，是一个小型的野战医院，房屋都是我们自己带去的建材拼装起来的，很整洁。医疗设备都不错，基本设备都有，还能做外科手术。

　　我们维和部队的工兵分队，营地就在基伍湖边上，收拾得挺好，营房也都是用带去的材料拼装起来的。他们给自己的营地起名叫中国半岛，因为正好是伸到湖里边的一块地划给他们做营房了。

　　　　　　　　　　　（根据 2014 年 2 月 20 日讲座录音整理，有删改）

伏尔加风韵——

俄罗斯

主讲人　周晓沛

（曾任中国驻俄罗斯大使馆公使）

　　今天讲座的主题是俄罗斯，一般的俄罗斯人文地理就不讲了，因为现在网上什么信息都有。我在俄罗斯工作过7年，出差就不知道多少次了，这一辈子几乎全是跟俄罗斯打交道。第一次去的时候是20世纪70年代，那时候还叫苏联。所以，我想结合自己的一些亲历、亲闻，给大家讲一下怎么来看俄罗斯，怎么来看中国跟俄罗斯的关系。

　　俄罗斯是一个独特的民族，有别于世界上其他任何民族。如何解读这个独特国家及俄罗斯人，确实是一个难题。苏联解体已经过去20多年了，但其主要原因究竟是什么，专家、学者迄今依然莫衷一是。这本身也说明了俄罗斯问题的复杂性。

　　法国总统萨科齐访俄时，曾提出一连串问题，普京未予直接回答，而是引用了19世纪俄国诗人秋特切夫的一段名言："Умом Россиюнепонять。"意思是，凭智力难以理解俄罗斯，对它不能用常规量度；俄罗斯别具一格，对它你只能相信。而现实中的俄罗斯，却相当高调张扬，加之某些媒体抹黑渲染，有时又令国际社会难以置信。

　　俄国是一个"巨无霸"。面积1700多万平方公里，1.4亿人，人口密度为每平方公里8.5人。有156个民族，祖先是东斯拉夫人。大多信奉东正教，由基督教分裂而来。随着罗马帝国的衰败，基督教分化为以拉丁语地区为中心的西派和以希腊语地区为中心的东派。

1994年周晓沛在中国驻俄罗斯大使馆

公元1504年，两派彻底分裂。西方教会对原教条进行了补充和修正，以"普世性"自诩，称天主教；东方教会则信守原教条，反对革新，以"正宗"自居，称东正教。普京曾说："没有东正教，就没有俄罗斯"，"俄罗斯之所以强大，正因为它拥有永恒的价值——东正教所信奉和传播的价值"。普京指出，过时的苏联意识形态、复旧的保皇主义和西方的极端自由主义都不适合俄罗斯，俄罗斯需要的是扎根于本国传统价值观的务实保守主义。这被称为普京"新保守主义"，其实质就是本国利益至上，主要特征是：固守传统、高度集权、可控民主、强势崛起。

俄联邦横跨欧亚两大洲，东西长约1万公里，共分9个时区。西端加里宁格勒刚上班，东端堪察加半岛居民早已下班回家。到西伯利亚看后，你才知道什么叫真正的地大物博。坐火车好几天都是看不到头的原始森林，地下自然矿产资源极为丰富，天然气、煤炭储量均占世界总量1/3。仅贝加尔湖的淡水，可供全球人口饮用半个世纪，被称为"世界之井"。有人开玩笑说，"后石油"时代，俄罗斯人靠卖水也能自救。正如罗蒙诺索夫所言："俄罗斯的强盛有赖于西伯利亚。"

俄罗斯被称为一个"诗与剑"的民族。东西方文化交融，既有斯拉夫人的豪放、粗犷，又有诗人般的激情、浪漫。普希金、莱蒙托夫两位伟大的诗人都是因为爱情决斗而结束了年轻的生命。1918年，俄罗斯著名思想家别尔加耶夫在《俄罗斯的命运》中这样写道：德国是欧洲的男人，俄罗斯是欧洲的女人。俄罗斯可能使人神魂颠倒，也可能使人大失所望。它最能激起对其热烈的爱，也最能激起对其强烈的恨。这似乎生动勾画了其民族的独特性、矛盾性及多变性。

俄罗斯文化积淀深厚。历史上名人辈出，诸如罗蒙诺索夫、门捷列夫、柴可夫斯基、列宾等世界级的科学家、艺术大师不胜枚举。尤其19世纪，俄罗斯文学达到了鼎盛时期，涌现出托尔斯泰、普希金、陀思妥耶夫斯基、契诃夫、屠格涅夫等一大批文学泰斗。《战争与和平》《叶甫根尼·奥涅金》《钢铁是怎样炼成的》等经典名著在中国家喻户晓，赢得世界尊重。歌词优美、曲调流畅的《喀秋莎》《莫斯科郊外的晚上》等苏联抒情歌曲在我国传唱了半个世纪，至今还颇为深入人心。"人最宝贵的是生命，生命对于人只有一次。人的一生应当这样度过：当他回首往事的时候，不会因虚度年华而悔恨，也不会因碌碌无为而羞愧。"我们这一代人都记得保尔的这段闪光格言，这也是我外交人生的座右铭。我想，年轻人就应该有梦想、有追求，要有所作为。

在世界近代史上，记载着两大辉煌：一是1812年俄国人民在卫国战争中打败了不可一世的拿破仑；二是1945年苏联人民经过1418个日日夜夜的浴血奋战，用2700万人的生命换来了反法西斯战争的伟大胜利。靠的是什么？主要是俄罗斯人具有的克敌制胜的顽强意志和凝聚力。

俄罗斯人爱喝酒，而且是"海量"。公元10世纪，基辅罗斯的弗拉基米尔大公说："喝酒是罗斯人的天生嗜好，没有这种乐趣，就无法生存。"伏特加意为"生命之水"，是俄罗斯民族的血液。俄罗斯是伏特加的故乡，发明化学元素周期表的门捷列夫为"伏特加之父"。他不仅贡献了伏特加的标准配方，甚至连伏特加的名字也是他起的。经过反复科学实验，他发现最理想的酒精度数是40度，这对人体最为适宜。1895年，俄国财政大臣维特将全俄伏特加的度数统一为40度。至今，无论是东欧，还是美国出产的伏特加，均为标准的40度。俄罗斯人对外国人常说的一句口头禅就是"不喝伏特加，等于没有来过俄罗斯"。

据记载，卫国战争期间，为提高战斗力，斯大林批准每天给前线野战部队每人派发伏特加100克，后又把打胜仗的定量增为200克。有历史学家称，他们是"靠伏特加和喀秋莎打赢了战争"。现在，俄罗斯人均饮酒量也居全球第一。政府颁布过禁酒令，但"几度禁酒几度醉"。漫长而寒冷的冬季，不仅使他们嗜酒成性，也磨炼了其特有的耐性。

俄罗斯人喜欢吃黑面包，认为这是比白面包更有营养的"离不开的食物"，不常吃还容易生病。而在我国，有人却误认为俄罗斯人穷得只好靠吃黑面包生活。黑面包是由特殊的原料和方法烤制而成，具有独特的营养价值。其主要原料是荞麦、燕麦和小麦，混合了在打磨过程中被碾下来的麦皮层、胚芽、糊粉层及胚乳等，自然比精面粉更丰富多样。黑面包吃起来略微带点酸味，但在嘴里多嚼一会儿，就觉得有一股淡淡的甜味。黑面包富含维生素B和E，尤其含有大量酸分和生物酶，适合俄罗斯人的体质，具有强身作用。俄罗斯首任总统叶利钦，曾将一箱黑面包作为国礼送给我国领导人。

俄罗斯人豪爽，重感情。20世纪70年代，我在苏联工作，当时中苏关系不好，但老百姓家里依旧珍藏着50年代中国留学生送给他们的钢笔、毛巾、老照片以及明信片。记得有一次去北极摩尔曼斯克出差，我在咖啡馆里碰见一个中年俄罗斯人，聊了一会儿。当他知道我们是中国人后，就马上请我们去他家里做客，打开冰箱，拿出鱼子酱和伏特加盛情招待我们。后来他到莫斯科出差，还给我打电话，约我到老阿尔巴特街一起喝咖啡叙旧。一位外地朋友，每次来莫斯科都要请我去外高加索餐厅品尝风味烤肉，结账时怎么说也不让我买单。至于我们两国普通外交官在几十年风雨同舟中建立起来的个人友谊，不论国家关系好坏，都历久弥新。

俄罗斯人不娇生惯养，从小就培养出勇敢、冒险的性格。幼儿园孩子冬季用冷水浇身，锻炼意志和体魄；到大剧院看芭蕾、听音乐，接受文化艺术熏陶。据统计，俄国的家庭平均钢琴拥有量占世界第一，家庭藏书率和国民阅读率也很高。当然，近些年，俄国国内也出现了许多问题，包括腐败现象严重、治安状况差、犯罪率上升等，但其整体素质仍然较高，不要轻易低估这个深沉厚重的伟大民族。

有人形容俄罗斯是"资源大国、军事大国、科技大国、人文大国"，也有人认为俄罗斯仅核武器和外交两个单项堪称"一流大国"。20世纪五六十年代，苏联经济发展很快，军事实力与美国平起平坐，但轻工业、农业落后；70年代社会停滞，后期经济开始下滑；80年代中期国家乱套了，最终导致"亡党、亡国"。90年代，受苏联解体和"休克疗法"冲击，政局和经济波动震荡，居民生活水平急剧下降。历经解体磨难之后，俄罗斯又重新崛起。

普京曾表示，"给我20年，还你一个强大的俄罗斯"。1999年开始，俄罗斯经济恢复增长，连续8年年均经济增幅约7%。国际金融危机对俄罗斯冲击不小，近几年GDP保持中低速增长，现人均GDP 1.5万美元。苏联时期年年进口粮食，现在正常年景一年可出口2000万吨谷物。俄罗斯延续了苏联时期住房、医疗、教育等社会福利保障，尤其重视义务教育，中小学的书本、午餐都免费提供。但经济过度依赖能源出口，地区发展不平衡，基础设施老化，思想观念守旧。

外交上，俄罗斯奉行东西方并重的"双头鹰"理念，呈强硬实用态势，坚决维护自己民族利益，力图重振大国地位。仔细观察分析一下，俄罗斯外交还是颇有章法的。普京是"柔道高手"，软硬兼施。"普京想干什么？"——让对手琢磨不透。英国《卫报》说，没有人知道普京到底想干什么，他像拳王阿里般灵活躲避着西方的打击，不管西方领导人言辞多么像个拳击手，事实上拳台上只有一个拳击手，他叫普京。普京连续数年在《福布斯》权力榜上登顶。

2002 年有一首走红的金曲《嫁人就嫁普京这样的人》，歌词："我如今想要一个像普京强而有力的人，一个像普京不酗酒的人，一个像普京不使我伤心的人。"2012 年总统大选期间，一首以普京名字第一个字母命名的《V.V.P.》歌曲也曾红极一时。歌词大意是，普京执政后国家稳定，经济发展，他是上帝派来拯救国家的使者，"普京——俄罗斯崛起"。俄罗斯民众认为，西方对普京的抹黑就是对俄罗斯的侮辱，甚至称"没有普京就没有俄罗斯"。普京自己回应道："俄罗斯有的是人才，俄罗斯可以离开普京，但普京离不开俄罗斯。"

从目前的情况看，普京面临的问题和挑战较之前更突出，国际环境更趋

圣彼得堡夏宫

复杂，但国内政局可望保持相对稳定，俄罗斯发展的势头不会逆转。个人认为，在可预见的一个时期内，自成一体、特立独行、相对平稳的社会政治制度，符合俄罗斯的历史传统和基本国情。普京强势政策主张受到普通民众拥护，这无疑有利于俄罗斯国家的稳定和振兴，也有利于中俄全面战略伙伴关系的深入健康发展。

近20年来，中俄关系取得前所未有的大发展。中俄之间为什么要建立战略协作伙伴关系？战略协作伙伴关系究竟包括哪些内涵？中俄战略协作伙伴关系发展前景如何？要搞清这些问题，不能不回顾两国关系的演变历史及其发展轨迹。

迄今，中俄关系只有20多年，而中苏关系却有40多年的历史。苏联解体后，鉴于我国支持俄罗斯继承苏联在联合国安理会的席位，因此中俄之间不存在重新建交的问题。1991年12月25日苏联宣布解体当天，我国政府代表团即飞抵莫斯科访问。双方商谈签署了《会谈纪要》，俄方承诺原中苏之间签订的条约继续有效，重申支持中国在台湾问题上的立场，确认将驻苏联大使改为驻俄罗斯大使，顺利解决了中俄关系的继承问题。两国的建交日期依然是1949年10月2日。因此，看中俄关系，不能不谈中苏关系。

众所周知，中苏关系充满了跌宕起伏的变化。俗话说，"三十年河东，三十年河西"。而中苏关系从20世纪50年代起，十年友好结盟，十年关系恶化，十年对立为敌，十年缓和改善。我在外交回忆录中详细讲述了这个复杂过程。

在这儿，我还想讲一个20世纪赞颂中苏友谊的歌词作者命运沉浮的真实故事，这在某种意义上也是两国关系的一个缩影。《莫斯科—北京》创作于1949年12月，正值中苏两国关系处于高潮时期。毛泽东到莫斯科访问的消息引起苏联举国轰动。在这种激情的感染下，一位名叫米·维尔什宁的被流放西伯利亚的诗人写下了"苏中人民永远是兄弟"的不朽名句。据说，斯大林很喜欢这首歌。毛泽东第一次听到这首歌时已乘火车返回北京，他想亲自见一下歌词作者。而那时的维尔什宁，因遭人诬告还是苏维埃政权的"异己分子"。在斯大林的亲自过问下，苏联军事法庭很快撤销了对其所有指控，并被安排到苏中友协工作。从此，维尔什宁的命运发生了戏剧性的变化，从一名普通作家迅速高升至苏联外交部部长助理。然而，随着中苏关系急剧恶化，

《莫斯科—北京》这首歌曲渐渐被人淡忘，维尔什宁个人处境也越来越艰难，再次沦为一名普通的诗人。更倒霉的是，他的诗作再也没有人敢发表了。在20世纪80年代初的一个寒冬里，穷困潦倒的维尔什宁惨死在野外雪地上。这位在政治风云中大起大落的苏联诗人，哪里知道两国关系的"寒冬"过后会再度"回暖"。20世纪80年代，中苏双方都调整政策，两国关系逐渐缓和、改善。1989年，戈尔巴乔夫应邀访华，与邓小平举行了高级会晤，双方宣布"结束过去，开辟未来"，中苏关系从此实现正常化。

　　四十年的风风雨雨使我们双方都蒙受了沉重损失，也都汲取了深刻教训。无论是结盟还是对抗，都是不成功的，中苏关系还是要以和平共处五项原则为基础。这样，两国之间就建立起了不同于20世纪50年代的那种结盟关系，更不同于六七十年代的那种敌对关系，而是不结盟、不对抗、不针对第三国、相互睦邻友好的正常国家关系。

1995年中俄两国外交官在大使馆聚会

　　中苏关系正常化后不久，东欧剧变，两极格局崩塌，国际形势和两国国内情况都发生了巨大变化。邓小平同志指示："不管苏联怎么变化，我们都要从容地同它发展关系，包括政治关系，不搞意识形态争论。"这个方针很重要。

在双方共同努力下，中苏高级会晤确定的两国关系基本原则不仅经受住了考验，而且成为建立新型中俄关系的基石。

从 1992 年俄罗斯总统首次访华开始，中俄两国领导人建立了定期互访机制。通过直接接触，增加相互了解，消除彼此隔阂。从中俄双方重新承认"相互视为友好国家"，到确认两国已具有"新型的建设性伙伴关系"，直至 1996 年宣布发展"战略协作伙伴关系"。1996 年叶利钦总统访华，本来双方已经商定两国元首拟签署《中俄联合声明》的文本。在访华的专机上，叶利钦看了这个文件，觉得没有什么突破，还不能真正反映两国关系今后的发展方向，亲自将原来表述的"发展长期稳定的睦邻友好、互利合作和面向 21 世纪的建设性伙伴关系"改为"发展平等信任、面向 21 世纪的战略协作伙伴关系"。其中最关键的是"战略协作"这个词，从而将未来的中俄关系定位为战略关系。在当时的背景下，提战略伙伴关系还比较敏感，俄方曾担心中方不一定会接受。江泽民主席同叶利钦总统见面时说："你在飞机上修改声明稿，我对你工作的认真和高效表示赞赏。我也在积极工作，收到你的修改意见时我正在开会，马上就表示同意。"双方将两国关系提高到"战略协作伙伴关系"。

中俄战略协作伙伴关系不是结盟，而是一种新型的战略关系，是具有长远生命力的正常国家关系。它不仅有政治互信的重要前提，更有传统友好、互利合作的扎实根基。所谓"战略协作"，其实质就是在双方关切的重大核心问题上相互支持、相互配合，共同应对挑战，维护地区和世界的和平与稳定。

自中俄建立战略协作伙伴关系以来，两国关系实现了三次平稳过渡。第一次过渡是，普京接替叶利钦出任总统。双方重申，中俄建立平等信任、面向 21 世纪的战略协作伙伴关系符合两国人民的根本利益。两国领导人签署了为期 20 年的《中俄睦邻友好合作条约》，把"世代友好、永不为敌"的思想以法律形式固定下来，并彻底解决了历史遗留下来的两国边界问题，消除了两国关系中的一大隐患。

第二次过渡是，2008 年 5 月，梅德韦杰夫接替普京出任俄罗斯总统仅半个月，就到中国进行承前启后、面向未来的重要访问，双方共同推动中俄战略协作伙伴关系更好更快地向前发展。双方强调，在涉及对方核心利益问题上相互支持是中俄战略协作伙伴关系的核心内容，加强能源合作是中俄战略协作伙伴关系的重要组成部分，而扩大和深化人文领域合作对巩固中俄战略协作伙伴关系具有重大意义。在双方的共同努力下，在能源等领域的务实合作取得了重大突破。

普京 2012 年复任总统后不久即正式首访中国，也预示两国关系已顺利实现了第三次过渡，有人形容进入"黄金时期"。对西方看得比较透、一向重视发展对华关系的普京重返克里姆林宫，这有利于中俄关系的长期稳定发展。普京在竞选纲领中谈及中俄关系时指出，中国经济增长绝不是威胁，而是俄经济之帆赶上"中国风"的良机。这是俄领导人首次对"中国威胁论"的明确表态。两国对未来关系的定位是：建立平等信任、相互支持、共同繁荣、面向未来的全面战略协作伙伴关系。中俄双方将进一步发挥得天独厚的地缘政治、经济互补优势，更好地联手应对全球性的新问题、新挑战，继续深化互利共赢的全面战略关系。

当然，中俄关系发展进程中难免也出现这样或那样的问题，包括相互认知有差异、贸易结构失衡等。还有一点不能不提及，我国经济发展很快，有的俄罗斯人心态复杂，对移民问题更为敏感，甚至担心成为中国的"附庸"。

现在，中国是俄罗斯最大的贸易伙伴，双边年贸易额约 900 亿美元。双方规划 2015 年贸易额达 1000 亿美元，2020 年前提升至 2000 亿美元。要实现这些目标，思想观念需要创新，经济合作必须进入结构转型和战略升级的新阶段，着重进行战略性大项目合作，提升中俄利益交融水平。经过 20 多年的发展，进一步扩大传统贸易潜力有限，"灰色清关"和"假冒伪劣"商品贸易已走到尽头，应转入规范化的正常国际贸易轨道，合作重点加快转向联合开发、制造、应用和投资等领域，包括"欧亚高速运输走廊"，航天、军工、农业、地方等领域合作。

双方还需进一步加强民间人文友好工作，夯实两国关系的社会民意基础。真正把中俄关系搞好、搞实，还需要大家配合，包括我们的老百姓特别是年轻人，让他们多去俄罗斯旅游，多看看，增进了解。我有一次去宁波图书馆讲课，200 人的讲堂来了 400 人，讲了两个小时，提问了一个小时，说明大家对俄罗斯问题、中俄关系还是感兴趣的，想了解真实情况。

当前，世界上乱象丛生，各种不稳定、不确定因素明显增多。国际力量格局和国际体系正在发生深刻演变，大国关系也在进行重大调整。俄罗斯是我国最主要、最重要的战略协作伙伴，中俄新型大国关系的健康发展对双方都具有不可替代的战略价值，对维护世界和平稳定也至关重要。要继续相互支持对方核心利益和发展振兴，进一步加强政治互信，深化务实合作，注意照顾对方的利害关切和舒适度，切实坚持互利双赢，确保双方合作可持续发展。总之，立足于"世代友好，永不为敌"的两大邻国关系前景光明。

（根据 2012 年 9 月 20 日讲座录音整理，有删改）

富于传奇和特色的美丽国家——

匈牙利

主讲人　朱祖寿

（2003.9—2007.1 任中国驻匈牙利大使）

"生命诚可贵，爱情价更高，若为自由故，两者皆可抛。"相信许多人和我一样，最早是从匈牙利著名诗人裴多菲这首传遍世界的《自由与爱情》名诗知道匈牙利的。但匈牙利究竟是个什么样的国家？我在那里工作了 3 年半以后，才真正有所了解。在我看来，简而言之，匈牙利是个富有传奇和特色，而且非常美丽的国家。

一、富于传奇

匈牙利是一个传奇的国家。

1. 匈牙利人和匈奴到底有没有关系，是不是匈奴的后裔？这个长期以来很多人一直在问的问题，到现在还没有一个结论。客观地说，是有关系的。东汉初年，匈奴分成了南、北匈奴两拨，北匈奴向西跑往欧洲，在顿河、伏尔加河流域停下来，在那待了好长时间。然后他们往欧洲中心地带继续迁移。匈牙利人在 18 世纪末以前都认为他们是匈奴的后裔，但到了奥匈帝国以后，说法就变了，说他们是来自顿河、伏尔加河流域的马扎尔民族的后裔。马扎尔民族和北匈奴有没有关系，谁也说不清，因为游牧民族是马背上的民族，没有文字记载。但是公元四五世纪，在现在匈牙利所在的喀尔巴阡盆地，曾经有过一个从顿河流域过来的匈奴人建立的匈奴王国，在那儿待了 80 多年。这个历史事实谁都否认不了。当时匈奴王国有一个国王叫阿提拉，特别能打仗，欧洲人称他为"上帝之鞭"。现在匈牙利男性中仍有很多人名字叫阿提拉。匈奴王国对欧洲的影响非常大，它甚至改变了欧洲的版图。骁勇善战的匈奴人把东罗马帝国打败了，罗马帝国跟它签了协议，每年要朝贡。都说英国人和这个匈奴王国也有关系，匈奴人把英国人的祖先盎格鲁 – 撒克逊人从德国赶到了英伦三岛。他们把当地人赶跑以后，就成了英国人的祖先。后来匈奴军队被西罗马帝国打败，不得不退回到匈牙利大平原。然后阿提拉的儿子带着匈奴人，又回到了顿河、伏尔加河流域。

到了公元 896 年，马扎尔民族的阿尔巴德大公率领七个民族到匈牙利现在这片地区定居，成了现在的匈牙利人。从公元 5 世纪到 9 世纪，中间有四个世纪间断，马扎尔人即匈牙利人到底同匈奴人有没有关系，谁也说不清，因为没有文字记载。但是，有一段时间，至少有 10 万匈牙利人说他们是匈奴的后裔，要求在匈牙利登记成为少数民族，但没成功。匈奴人在匈牙利，乃至在欧洲，造成的影响很大，以至于欧洲人把来自东方的少数民族都看成是匈奴人。公元 896 年马扎尔人到那里去定居的时候，当地人认为匈奴人又来了。当地修道院的修道士说，上帝保佑我们，让我们不要再受匈奴人弓箭的伤害吧。

匈牙利的英文 Hungary 中，hun 是匈奴人的意思，gary 是居住地的意思，就是说，Hungary 是匈奴人居住的地方。不知道是谁把 Hungary 翻译成匈牙利，当中有个"匈"字，刚好和匈奴的"匈"是一样的。这是巧合，还是这位翻译也认为匈牙利和匈奴是有关系的？

裴多菲在一首诗中写道："我们那遥远的祖先，你们是怎么从亚洲走过漫长的道路，来到多瑙河边建立起国家的？"现在官方的说法是，当时来自顿河、伏尔加河流域的众多部落，他们往欧洲迁徙的时候，到了乌拉尔山一带，往北走的，就成了现在的芬兰人、爱沙尼亚人，往西南走的马扎尔等部落就成了匈牙利人。他们都属于芬兰—乌戈尔民族。匈牙利人现在都说他们是马扎尔人。现在马扎尔人占匈牙利人口的 92% 左右。

如今，匈牙利人是怎么看这个问题的？匈牙利前总理迈杰希·彼得前几年在内蒙古参观匈牙利办的养鹅、养鸭场的时候，讲了这么一句话：当年我们是骑着马走的，现在赶着鹅回来了。意思很明确，匈牙利人和匈奴人是有关系的。我在匈牙利的时候，经常碰到匈牙利人对我说：我们是远方的亲戚。匈牙利人的匈语，跟欧洲通用的斯拉夫语完全不一样，在欧洲独一无二。匈牙利人的姓名和我们的姓名排列顺序一样，姓在前、名在后，这同西方国家截然不同。2010 年，匈牙利多瑙电视台还派了一个考察组，到我国新疆、甘肃寻根问祖。甘肃裕固族的一位女歌手到匈牙利去访问，唱了 30 多首歌，匈牙利人一听，说你这个歌曲怎么跟我们那儿的曲调是一样的？匈牙利语中有几十个词和维吾尔语一模一样，如爸爸、妈妈、狮子、公牛、山羊、葡萄酒、苹果等等。这说明什么？显而易见，不言自明。

2．"蒙古人旋风"。成吉思汗的孙子拔都，于公元 1237 年率领 15 万大军开向欧洲。1241 年 4 月 11 日，他带了 6 万大军打进匈牙利。当时匈牙利的国王贝拉四世带了 10 余万匈牙利军队同他对阵，结果被打败了。贝拉四世只带了少数人，跑到了克罗地亚一个岛上避难。被称为"蒙古人旋风"的蒙古军队在匈牙利待了差不多一年，少不了烧杀掠夺，给匈牙利人民留下了很恐怖的印象。1241年12月，蒙古大汗窝阔台去逝，拔都带着军队回去奔丧，争夺王位。如果不是因为这个变故，蒙古人待的时间会更长，造成的破坏还要大。当初匈牙利有200万人口，最后只剩下100万左右。现在还可以看到留下来的一些断垣残壁。后来匈牙利人吸取教训，蒙古军队一走，他们就到处修防御工事，包括现在布达山上的渔人堡。当然客观上也有一个好处，我们中国人的四大发明等由此传到了欧洲，传到了匈牙利。

有一个故事，贝拉四世有一个女儿，叫玛格丽特。她当时对她父亲发誓说：只要你平安回来，只要蒙古人撤走，我就出家当修女。后来蒙古人走了，她父亲也平安回来了，她就在布达佩斯多瑙河上原来一个名叫兔子岛上的修道院出家，当了修女，在那里做了很多善事。现在的玛格丽特岛，就是用她的名字命名的。

3. 奥匈帝国和茜茜公主。奥匈帝国成立于1867年，1918年第一次世界大战以后灭亡，存在了51年。从1699年开始，匈牙利就在奥地利哈布斯王朝统治下，差不多200年，受尽了各种屈辱压迫。1848年爆发了反抗哈布斯王朝的革命，裴多菲就是在那场革命中写了许多诗，起了积极作用。由于哈布斯王朝连年打仗，国力逐渐衰弱，就跟匈牙利商量，成立了奥匈帝国，首都在维也纳。匈牙利享有一定自主权，有自己的总理，有一定的立法权。这一段时间是匈牙利历史上最昌盛的时期，现在很多著名建筑都是那个时候建起来的。

茜茜公主是奥匈帝国的皇后，也是匈牙利的王后，封后仪式于1867年6月8日在匈牙利举行。茜茜公主对匈牙利有特殊的感情。她本身是德国人，是个比较悲惨的人物。结了婚她婆婆不喜欢她，设立了种种限制。后来由于儿子鲁道夫自杀，她得了抑郁症，整天穿着黑衣服，后来跟丈夫分居，大部分时间在匈牙利度过。在离布达佩斯约30公里的哥德勒，有一个茜茜公主庄园。茜茜公主在那里骑马、学刺绣、学匈牙利语，为匈牙利做了不少善事。她和奥匈帝国匈牙利的总理安德拉希有一段私情，广为流传。安德拉希在1848年革命以后流亡国外，后来回到匈牙利，当了奥匈帝国匈牙利的总理。他和茜茜公主非常要好，经常到公主的庄园里去。庄园里有一个白亭子，是他们幽会的地方，他们在那里一起朗诵海涅的诗。还有一个小门，那是安德拉希钻进去和茜茜公主幽会的门。

现在匈牙利人仍然有大匈牙利情结。奥匈帝国时，匈牙利的国土和人口比现在要大得多。当时的面积 32 万平方公里，是现在的三倍多。1918 年，第一次世界大战奥匈帝国失败以后，匈牙利失去了 72% 的土地和 60% 的人口。2011 年，匈牙利担任欧盟主席国时，他们在欧盟总部摆的还是当年奥匈帝国时的匈牙利地图，结果引起欧盟很多国家的抗议。到匈牙利人家里去看，他们家里挂的地图，大都是当年奥匈帝国时的地图。现在的罗马尼亚、克罗地亚、乌克兰、斯洛伐克等好几个欧洲国家的部分领土，当时都是属于匈牙利的。匈牙利人现在对此依然念念不忘。

4. 著名德国音乐家贝多芬在匈牙利有过两个情人。匈牙利有一个地方叫贝多芬情人庄园，离布达佩斯仅几十公里。当年贝多芬在匈牙利有一个很要好的朋友，叫费兰斯伯爵。此人非常喜欢音乐，贝多芬一生当中在他的庄园住过三次。第一次是 1804 年，贝多芬和费兰斯伯爵的女儿约瑟芬谈起了恋爱。约瑟芬的贵族丈夫刚刚去世，留下了四个孩子，但是贝多芬不计较。两个人如胶似漆，贝多芬一年中给她写了 14 封情书。后来因为种种原因，尤其是约瑟芬认为不合适，因为她要为孩子的前途着想，另外贝多芬耳聋，所以她就另外嫁了一个贵族。分手以后，贝多芬大病了一场。过后不久，贝多芬碰到约瑟芬的姐姐特丽莎，又同她好得你死我活，最后也没有成。后来特丽莎出家当了修女，终生没有嫁人。贝多芬呢，经常抱着有她名字的肖像痛哭流涕。庄园里有贝多芬的展室，里面陈列着他所写的 14 封情书和好多手稿。庄园里经常举行贝多芬作品音乐会。

5. 革命诗人裴多菲。《自由与爱情》这首诗，是裴多菲在 1847 年写的，第二年就爆发了革命。1848 年 3 月 15 日，匈牙利爆发了反抗奥地利哈布斯王朝的革命。3 月 14 日晚上裴多菲写了一首诗，叫《民族之歌》。第二天革命爆发的时候，他就站在布达佩斯民族博物馆的台阶上朗诵这首民族之歌："起来匈牙利人，祖国正在召唤！""我们宣誓，我们永不做奴隶！"在他的感召之下，成千上万的匈牙利人加入了革命的行列。裴多菲一生当中写了很多诗，其中大部分都是在 1848 年写的。他的诗不光有艺术性，而且有很强的革命性，对当时匈牙利爆发革命起到很大的推动作用。1848 年 9 月，裴多菲告别新婚妻子和刚一岁多的孩子参了军。1849 年 7 月 31 日，裴多菲在和奥地利王朝请来的俄罗斯军队打仗时牺牲了，年仅 26 岁。当时裴多菲是革命军司令的一个副官。

鲁迅先生很推崇裴多菲。裴多菲的诗《自由与爱情》是鲁迅最早在《为了忘却的纪念》一文中引用的，后来很快就在全国传诵。鲁迅的革命精神和裴多菲有很相似的地方，所以鲁迅很喜欢裴多菲。在裴多菲的庄园里，有鲁迅的雕像。2003 年 8 月底，匈牙利总理迈杰希到中国访问的时候，为北京鲁迅博物馆里的裴多菲半身雕像揭幕。

6."公牛血"的传说。匈牙利有个地方叫埃格尔，那里有一种红葡萄酒叫"公牛血"。为什么叫公牛血？传说是，1552 年 9 月，15 万奥斯曼土耳其军队攻打匈牙利埃格尔这个要塞。守卫埃格尔城的只有 2300 人，其中有 400 个是妇女。

链子桥上的石狮

他们利用城堡，挖了 17 公里长的地道，顽强地抗击了 38 天。15 万奥斯曼土耳其军队硬是没有把这个城打下来。后来奥斯曼土耳其军队发现，守城男女的身上、脸上、衣服上都淌着红色液体。他们想，这些人肯定是喝了公牛的血，所以打起仗来不要命。这一想把他们吓跑了。实际上，匈牙利人在上阵以前喝了红葡萄酒。所谓的"公牛血"，是把好几种红葡萄酒放在一起酿造出来的，到现在仍然是匈牙利红葡萄酒中的一个著名品牌。

7. 盖莱尔特山。关于布达佩斯的这座山的传说是，匈牙利祖先信的是萨满教，定居以后，罗马教廷派了一个传教士叫盖莱尔特，到匈牙利去传播天主教，结果受到萨满教徒，也就是反对改教的匈牙利人的迫害，他被扔到多瑙河里淹死了。人们找到他的尸体以后，就在山上给他建了一个塑像，手里高擎着一个十字架。从那以后，那座山就叫作盖莱尔特山。这座山是布达佩斯的制高点。外国领导人访问匈牙利的时候，都要到山顶观赏布达佩斯的全景。

8. 情人锁。匈牙利南方有个城市叫佩奇，那里有个地方的栏杆上摆着一大片锁，叫情人锁。相传 20 世纪 80 年代，有一对恋人在佩奇教堂的栏杆上放了一把锁，锁上了，以象征他们两个人的爱情和幸福从此被锁定、天长地久，从此这就在匈牙利传开了。世界上现在有几十个地方，包括我国安徽的黄山都有情人锁，据说就是从匈牙利传过去的。

9. 没有舌头的狮子。多瑙河上有九座桥，第一座桥叫链子桥。原来多瑙河上是没有桥的，相传有一位年轻人要到河对岸去见他的恋人，没有桥，他就游过去，结果淹死了。另一个传说，匈牙利有个皇族塞切尼，1820 年他的父亲在维也纳去世，他要过河去奔丧，但冬天没有船，结果耽误了他奔丧。他就下决心，捐献了一年的薪俸，花了好多年，建成了链子桥。当时这是世界上最长、跨度最大的一座桥，跨度约有 380 米。

这座桥上有很多石头狮子。一天，有个小女孩和她母亲一起到桥上去玩。小女孩突然说："妈妈，这个狮子嘴里怎么没舌头？"妈妈一看，果然没有。实际上这狮子是有舌头的，因为它比较高，要站到跟它平行的高度才能看得见，但从此这就成了一个传说。以至于夫妻两个吵架的时候也会说："你再那么啰唆，让你跟链子桥上的狮子一样，没有舌头。"

二、特色之国

匈牙利是一个富有特色的国家。

1. 富有创造力。匈牙利只有 1000 多万人口，却出了 14 位诺贝尔奖得主。这个比例在世界上应该是独一无二的。维生素 C，是一个叫圣·乔奇的人从辣椒里分离出来的，1937 年，他获得了诺贝尔医学奖。全息摄影技术是匈牙利人发明的，得了诺贝尔物理学奖。2002 年，匈牙利有个文学家叫伊姆雷，写了部小说《命运无常》，写的是奥斯威辛集中营的生活，得了诺贝尔文学奖。中国使馆附近有一所中学，出了 4 位诺贝尔奖得主。

2. 众多发明。磷火柴是匈牙利人发明的。圆珠笔是匈牙利一家报纸的叫比罗的编辑在 1938 年发明的。全世界普遍使用的电话交换机、变压器、医用消毒机、电视显像管等，都由匈牙利人发明。世人普遍玩过的魔方，由匈牙利人鲁比克发明。现在魔方有各种各样的玩法，据说有几十万种甚至更多，最快的只要十几秒，就能把它完全变成同一颜色。有人蒙着眼睛玩，有人拿脚玩，有人在水底下玩。魔方真的让成千上万的人着了魔。

2010 年上海世博会，匈牙利馆里摆了一个被人称为"匈牙利的不倒翁"的冈布茨，也是匈牙利人发明的。无论怎么摆放，它都会回到原位。它在物理学、地理学、天体物理学等科学领域里很实用。

3. 匈牙利有三个国庆节。这在世界上很少见。第一个是每年的 3 月 15 日，纪念 1848 年 3 月 15 日爆发的反抗奥地利哈布斯王朝的革命。第二个是每年的 8 月 20 日，这是匈牙利第一个国王伊什特万登基的日子。那天热闹非凡，不光放焰火、举行各种各样的庆祝活动，还有飞行表演。小飞机穿越多瑙河上的链子桥，令人惊叹。那天会在布达佩斯议会前的广场上举行盛大庆典，平时放在王宫里的皇冠会拿到外面来展示，仪仗队会接受检阅。第三个国庆节是每年的 10 月 23 日，纪念 1956 年 10 月 23 日纳吉领导的反抗苏联的革命。

4. 名人辈出。除了裴多菲，匈牙利还出过不少名人。世界闻名的"钢琴魔王"李斯特，1811 年 10 月 22 日出生在匈牙利。他 6 岁就跟父亲学钢琴，9 岁就登台演出，一生中获了很多奖，创作了 700 多首作品。在布达佩斯有一个李斯特音乐学院，各国的音乐好手，都到那儿接受过培训。中国钢琴家刘诗昆 1956 年在李斯特音乐学院得过奖。另一个名人也是音乐家，叫柯达伊，他提倡让音乐属于每一个人，被称为"柯达伊教育法"。

4. 温泉之国。匈牙利有很多地方处在火山地带，1000 多个温泉遍布全国，成为匈牙利吸引游客的一个亮点。匈牙利每年吸引 4000 多万外国游客，游客来的目的之一就是泡温泉、治疗关节炎等疾病。一边泡温泉，一边在水面上下围棋，这种情景在别的地方见不到，在匈牙利是一景。

5. 匈牙利特色瓷器。有两种瓷器非常有名，一种叫海蓝德，另一种叫乔纳伊。制造商多次到我国的景德镇取经，产品既带有东方色彩，也具有匈牙利特色。海蓝德得过 24 个国际金奖。英国女王经常用来做茶具，把它称为"白色金子"。

6. 特色葡萄酒。匈牙利产的托卡伊—奥苏白葡萄酒，法国国王路易十四喝了以后称之为"王者之酒，酒中之王"。它在国际葡萄酒节上，得过几十个金奖。喝了对身体大有好处，被称为"液体四环素"。这是匈牙利特有的。有人喝了以后认为比加拿大的冰葡萄酒味道更好。这种酒产于匈牙利的一个叫托卡伊的地方。传说，在土耳其占领托卡伊地区期间，有一年，他们占领的时间较长，当地农民都跑了，回来时葡萄都已经干瘪，上面还长出一种叫奥苏的霉菌。产农想，浪费了可惜，就用那些干瘪葡萄酿酒。结果那一年酿出来的白葡萄酒味道特别好，很快就出了名。俄罗斯的彼得大帝，专门派人到那里去种葡萄、酿葡萄酒。

匈牙利南部的一个地方叫维拉尼，那里出产的红葡萄酒非常好，销往许多欧洲国家。法国的红葡萄酒，其实有相当比例来自匈牙利。我在使馆请客的时候，经常用维拉尼红葡萄酒，以及托卡伊—奥苏，祝酒时就用谐音"为了你，都可以"。

匈牙利还生产一种药酒叫"乌尼贡"，对治疗胃病很有效，曾经受到奥匈帝国皇帝的推崇。

7. 土豆烧牛肉汤——赫鲁晓夫的共产主义，匈文叫"古雅什"。这是游牧民族特有的一道菜。把三根木头架起来，中间放一个锅，里面放土豆、牛肉、辣椒，还有其他一些调料，悬吊在火上，煮四五个小时。赫鲁晓夫 1958 年访问匈牙利时，喝了古雅什后说：能喝上这个汤，人类就进入共产主义了。这句话成了世人的笑料。但就古雅什本身而言，味道确实不错。在匈牙利，无论走到哪里，这都是一道必须要品尝的菜。

匈牙利还产鹅肝。匈牙利的鹅肝占法国鹅肝市场的55%。匈牙利养鹅的方式，同我国填鸭的方式一样，每天固定三次强制性地喂食。产生的肝就是脂肪肝，一个鹅肝重一公斤。为什么现在法国人进口匈牙利鹅肝用于出口？因为法国人认为填鸭式喂养侵犯了鹅权，所以法国人就不再用这种方式生产鹅肝了。

8. 崇尚中国武术。在匈牙利，至少有四五万匈牙利人会中国武术，这在所有欧洲国家中人数是最多的。少林寺的第三十二代弟子释行鸿，1998年到匈牙利传授中国武术，带出了许多高徒。他同时也是匈牙利共和国卫队的教官，在匈牙利很有影响，很受欢迎。释行鸿在匈牙利创立了禅武联盟，建了一所少林寺。在匈牙利，各种中国功夫都有人练，一招一式，像模像样。匈牙利差不多每年都举办中国武术比赛，许多欧洲国家都来参加，匈牙利人在比赛中常常名列前茅。公园里经常有匈牙利人在打太极拳，这在其他欧洲国家极为少见。

匈牙利人表演中国武术

9. 中医备受钟爱。同武术一样，中医在匈牙利很受欢迎。匈牙利本来就已经有13所中医诊所，2015年11月，匈牙利通过立法承认中医，这样中医就有了更为广阔的发展前景。这在欧洲国家中独一无二。不少匈牙利领导人及家属经常光顾中医诊所，由华人中医组成的匈牙利中医协会是匈牙利全国性组织的正式成员。

三、美丽国度

匈牙利是一个美丽的国家。2003 年年底，我国国内一位资深的旅游界人士对我讲：没到过匈牙利，不知道匈牙利漂亮；到了匈牙利，没想到匈牙利这么漂亮。

多瑙河最漂亮的一段。多瑙河发源于德国的黑林山，在欧洲流过九个国家。许多人同我一样，认为匈牙利那一段最漂亮。站在盖莱尔特山顶，居高临下，穿越布达佩斯的多瑙河，这边是山，那边是平原，让人感受到一种立体的美。乘坐游船夜游多瑙河是一种特殊享受：灯火通明的链子桥别具魅力，布达山上的王宫、渔人堡伟岸挺立，佩斯这边灯光下的国会大厦庄严肃穆。听着约翰·施特劳斯的《蓝色的多瑙河》乐曲，看着匈牙利人在船上穿着熟悉的民族服装跳民族舞蹈，再喝着托卡伊—奥苏，吃着匈牙利的美食，那种感受确实不一样。

布达佩斯是人所共知的"多瑙河上的明珠"。多瑙河两岸的建筑和景色，连同被称为"布达佩斯的长安街"的安德拉什大街，被列为世界文化遗产。

布达山上有很多景点。以前的王宫现在是美术博物馆，里面经常举办各种展览。王宫御花园入口处的石柱上，有一只双爪抓着一把长剑的展翅大鸟石雕，它叫图茹尔。传说当时那七个部落就是跟着这只鸟，到匈牙利来定居的。

离总统府不远是马伽什教堂。马伽什是匈牙利一位国王的名字，他是匈牙利历史鼎盛时期很开明、很有威望的一位国王。很多国王都在这座教堂里加冕。茜茜公主也是在这里加冕为王后的。教堂外面的顶上有一只乌鸦，乌鸦嘴里叼着一个戒指。传说有人想要拿一个毒戒指去谋杀马伽什国王，这只乌鸦把戒指叼走了，救了国王一命，所以乌鸦在匈牙利是吉祥的鸟。

佩斯一边紧靠多瑙河的国会大厦非常值得一看。国会大厦气势雄伟，占地 17745 平方米，有 691 个房间、15 个院子。大厦里面的柱子镀金，用了 40 公斤黄金。大厦里的一个台阶有 96 级，以纪念匈牙利人定居的公元 896 年。大厅里陈列着圣伊斯特万国王戴的王冠。王冠上的十字架是歪的，因为它历经沧桑，多次易手——先是被德国人抢走了，后来美国人又把它弄走，几经周折才回到匈牙利。回来时，匈牙利举行了盛大的欢迎仪式。国会大厦富丽堂皇，里面有三个看点。看点一，下议院的休息厅里，有一只很大的海蓝德瓷花瓶。大厅里到处都是蓝色，代表下议员血管里流的是贫民蓝色的血。上议院的陈设都是红色的，代表上议员血管里流着贵族红色的血。看点二，上议院主席台桌子上有一个枪眼。传说20世纪30年代，议会开会时，有人向主席台开枪，子弹穿过桌子，没打着人。看点三，会议室外面的走廊里有好多雪茄盒。议员们休息的时候，到外头抽雪茄。铃声一响，赶紧回去开会。那个雪茄烟还放在那里，等到下次出来休息，它还在那里冒着烟。

安德拉什大街。到匈牙利访问的外国领导人，每次到英雄广场的历史纪念碑献花圈，都必须要经过这条街，就和在北京要经过长安街一样。沿街有很多著名的建筑，包括李斯特音乐学院、国家大剧院，还有好多博物馆。其中有一个叫恐怖博物馆，里面陈列的是纳粹时期受迫害人的物品。

英雄广场。英雄广场在安德拉什大街的另一端，是公元1896年开始建的，目的是纪念匈牙利人定居1000年。广场上有一根36米高的柱子，顶上是一个叫加百利的天使塑像，它是《圣经》里上帝向人类传递好消息的天使。传说这位天使向匈牙利第一位国王托梦，说他即将成为匈牙利的第一任国王。到匈牙利定居的7个部落的骑着马的首领雕像就在广场上，为首的是阿尔巴德大公。还有14个历代国王的雕像，也很壮观。广场上有一块历史纪念碑，放在地上，来访的外国国家元首都要去献花圈。

巴拉顿湖。它被称为匈牙利的海，面积596平方公里，是欧洲除了贝加尔湖的第二大内陆湖。那是一个很漂亮、非常适合休闲的地方，周围遍布温泉。印度诗人泰戈尔在那里疗养过，湖边有他的雕像。很多国家领导人和名人在那里种了树，留作纪念。有个叫蒂豪尼的半岛，由火山岩堆积而成。岛上有个回音壁，有座建于1055年的班尼蒂克教堂，还一条购物街，出售琳琅满目的匈牙利特色产品。2008年，中国汶川地震以后，匈牙利请了50个汶川地区学生到匈牙利去，让他们在巴拉顿湖待了几天，反响很好。后来雅安地震，匈牙利又请了雅安地区50个学生去，也在巴拉顿湖区小住。

多瑙河湾。多瑙河长2850公里，在匈牙利境内长416公里。它本来由西向东流，在匈牙利境内则掉头向南，形成了多瑙河湾。那里风景秀丽，有三个景点。第一个，匈牙利第一个都城——埃斯泰尔戈姆。匈牙利第一位国王——圣伊斯特万公元975年就出生于此。这里有座圣母升天教堂，它是欧洲第四大教堂。里面有很大的一个圣母升天图,还有珍宝馆。李斯特在教堂落成时专门创作了一首大弥撒曲。教堂附近有一座桥,对面就是斯洛伐克。走到桥的中间,上面有个牌子写着:"跨过这条线你就进入了斯洛伐克"。匈牙利是申根国家,拿着匈牙利签证就可以进斯洛伐克。第二个景点,维舍格勒城堡——匈牙利最早的城堡。站在维舍格勒山上,多瑙河湾一目了然。历史上,波兰、匈牙利、捷克三国元首曾在这里会晤,山上的展览馆里能看到他们的雕像。苏联解体后,匈牙利、波兰、捷克、斯洛伐克四国元首又在那里会晤,商量怎么办。第三个景点叫山丹丹——这是中国人起的名字,外文名字叫圣安德烈。这是塞尔维亚人居住的地方。历史上,有6000多名塞尔维亚人为了躲避土耳其军队,跑到了圣安德烈这个地方。圣安德烈正好是他们崇拜的耶稣的12位弟子之一,所以他们就在那里定居下来。不知是谁把"圣安德烈"译成

英雄广场

"山丹丹"。中国游客一听说匈牙利有个山丹丹，就奔着这个名字去了。那是颇具特色的一个小镇。山丹丹有拿蘑菇做的帽子，还有很多匈牙利的特产。塞尔维亚人信东正教，那里有好几座东正教教堂。

布达佩斯有一座圣伊斯特万教堂，是用匈牙利第一任国王名字命名的教堂。修这座教堂花了 54 年。圣伊斯特万去世后，他的右手被保存下来，就放在那个教堂里。你可以沿着楼梯到教堂顶上，观赏布达佩斯的全貌。

匈牙利吸引人的地方不胜枚举。霍托巴吉大草原，5 万多平方公里，是欧洲的"食品篮子"，生产小麦、土豆等。那里养的灰牛和鹅、鸭，生产的鸭绒、鹅绒，都很有名。1999 年这里也被列入联合国世界遗产名录。还有一个地方叫鸦石村，也有个传说，是过复活节的理想去处。此外，还有匈牙利的"珠穆朗玛峰"——凯凯什峰，中欧最大的洞穴——巴拉德拉洞穴群，欧洲文化之都——佩奇，等等，都值得一看。

百闻不如一见。想要真正了解和感受匈牙利的传奇、特色和亮丽景色，唯有亲自去一趟才能做得到。

（根据 2013 年 9 月 26 日讲座录音整理，有删改）

风景胜画的

德　国

主讲人　马灿荣

（2002.1—2009.7 任中国驻德国大使）

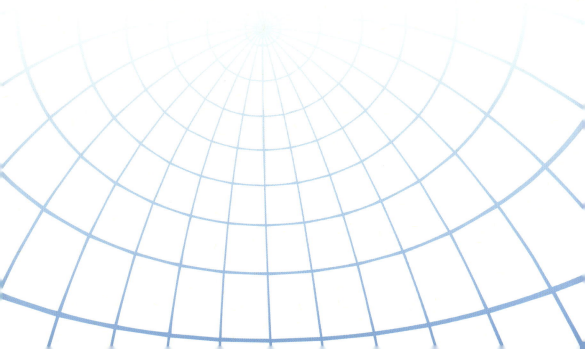

作为一名外交官，我曾经三次在我国驻联邦德国使馆常驻，从一名翻译到担任中国驻德国特命全权大使，前后加起来在德国共工作和生活了 20 多年，占去我整个外交生涯的一半还多。我本人对德国的情况还比较熟悉，对德国这个国家也很有感情。今天我主要根据自己对德国的观察和认识，并结合自己的一些亲身经历向大家做一些介绍，希望能帮助大家了解和认识德国。因为时间关系，我主要讲三部分内容：一是德国是一个什么样的国家，也就是我对德国的印象；二是德国人是怎么对待工作和生活的，换句话讲，德国人有什么特点；三是简要介绍一下当前中德关系。

德国确实是一个很了不起的国家，德意志民族是个很了不起的民族。这不光是我个人的看法，凡是去过德国的人，都感到德国很了不起。大家知道，德国曾经两次发动世界大战，被打败后很快又恢复发展起来。德国在历史上长期处于一种分崩离析的状态，有几百个小公国。1871 年统一之后，影响力不断扩大。而随着两个分裂的德国重新统一，德国在欧洲乃至世界的影响进一步提升。现在我们看西方几个主要资本主义国家，无论美国、英国还是法国，相对实力都呈下降的趋势，只有德国仍然处于上升阶段。这一点在欧债危机中看得特别明显。希腊、西班牙、葡萄牙，还有意大利，甚至法国处境都非常困难，债台高筑，社会矛盾尖锐，财政困难，经济下滑，日子很不好过。只有德国一枝独秀，经济增长，社会安定。默克尔总理成了欧洲的救世主。德国不出钱，欧债危机很难解决。2008 年国际金融危机爆发后，我们国内到德国的代表团问我德国的情况怎么样。我说，在德国感受不到金融危机的严重冲击，老百姓的日子仍然很富足。虽然不无忧虑，但总体上没有什么危机感。这些都是和德国经济的良好发展和强大实力分不开的。

德国的环境非常优美。整洁、干净、有序是人们到了德国后的第一印象。你看到的一切都显得很新、很规范，没有什么破破烂烂、乱七八糟的地方。居民家中阳台上摆满了鲜花，花园里种植了各种花草。德国有 8000 多万人口，但只有 4 个百万人口以上的城市。首都柏林 300 多万，第二大城市汉堡 170 多万，科隆和慕尼黑两个城市加上郊区人口才 100 万。大家都知道的世界著名城市法兰克福只有 60 多万人口。众多有特色的中小城市是德国一大特色。这些城市规模不大，人口最多 10 万，多数在 3 万~5 万，甚至几千人。但城市面貌各异，街道错落有致，建筑风格迥然有别。加上城区周围星罗棋布的绿地园林、远处绵延起伏的山丘、随处可见的湖泊，确实给人一种风景如画的感觉。

德国社会比较安定。相对于欧洲其他国家如南欧的意大利、葡萄牙、希腊甚至法国来说，你在德国会感到比较安全，不用担心被公开抢劫或者遇上其他暴力事件。在德国，罢工和抗议活动多数发生在每年的二三月份，即工会和资方进行工资谈判的时候。工会要求多增加工资，资方不同意，于是工会就组织工人罢工，向资方施压，迫使资方妥协，最终达成有利的协议。可以说，在德国绝大多数的抗议或罢工都是因工资待遇问题引起的，其他社会矛盾引发的抗议很少见。总的来说，给人一种社会安定、人民安居乐业的印象。

在德国生活非常方便。我前面讲了，德国大城市很少，而中小城市特别是小城镇星罗棋布。在这些城镇，生活和文化设施应有尽有，人们可以用很少的时间、在很短的距离内办成自己想办的事。这一点非常值得我国在推广城镇化过程中借鉴。在德国，各种生活必需品价格多年保持基本稳定。我比较了一下，我在 21 世纪初第三次到德国常驻时的面包和牛奶价格，和 20 世纪 70 年代第一次到德国常驻时的价格相比，基本上没有变，甚至还稍微下降了一些。德国政府非常重视抑制通货膨胀。德国吃过 20 世纪 20 年代末通货膨胀的苦头，那时候德国货币严重贬值，一麻袋的马克还买不到一盒火柴。德国人对此记忆犹新，一直将抑制通货膨胀列为国家财政政策的重中之重，以此确保百姓的生活水平不受影响而逐步提高。

谈到德国人的生活，我在这里顺便多介绍一些好吃的东西。我们都知道德国啤酒好喝，其实德国不光有好啤酒，还有好吃的面包、好吃的香肠，更有中国人到德国旅游都不能不吃的大猪肘。说起啤酒，我要给大家讲一个故事。我到任后不久，在使馆宴请中国人民的老朋友——德国前总理科尔，席间上了茅台酒，科尔很高兴，喝了好几杯，但他突然提出要喝青岛啤酒。这下可让我抓瞎了，平时我们招待德国人都是用茅台酒或德国的葡萄酒，一般不准备青岛啤酒。科尔看我为难，笑着开玩笑说："大使先生，我下次再来您这里吃饭，如果没有青岛啤酒，我可要向您的外长告状了啊。"从那以后，我们的招待员在冰箱里备足了青岛啤酒。大家知道，青岛啤酒是德国人 20 世纪初在青岛开厂酿造的，是用德国的配方酿造的。

大家是不是觉得我把德国讲得太好了。确实，德国也不是天堂，它也有各种各样的困难和问题。比如说贫富差距问题，德国的贫富差距虽没有美国那样严重，但仍然是德国社会面临的一个大问题，不但得不到有效解决，而且差距还在进一步扩大。当然，我们所说的贫困是相对贫困，不是通常意义上的赤贫。根据德国的标准，月收入达不到 800 欧元~900 欧元，就属于贫困人口。目前这类人已达 700 多万，占到德国人口的 9% 左右，近些年这类人的队伍在扩大。这个问题解决不好，会引发一系列的社会问题，是造成社会不稳定的重要因素。第二个问题是德国的人口在不断减少，这对德国未来发展将产生严重后果。德国人不愿意生孩子，政府采取了许多鼓励措施，如发放孩子补贴，每生一个孩子就可拿到一定数量的补贴费，多生多得。尽管如此，年轻人为了个人自由和生活的舒适，仍然不愿意生或多生孩子，导致德国劳动力缺乏，不得不大量引进外国劳工和移民，这又给德国社会增添了许多不稳定因素。人口负增长还使养老金和社会福利制度面临入不敷出的严重局面。因为交养老金的人少了，而领取养老金的人不降还升。俾斯麦首相建立养老保险制度时是 7 个交养老金的人养活 1 个领取养老金的人，而现在的比例是4:1。德国的社会保险体系在世界上比较健全，虽然比不上北欧国家，但比美国和英法都好得多。现在，由于人口结构的变化，加上经济发展不理想，整个社会保险体系面临危机，不得不进行大刀阔斧的改革。施罗德总理在 21 世纪初率先进行了改革，拿社会保险开刀，虽然引起了民众的不满和自己党内的强烈反对，最终不得不丢掉党主席和总理宝座，但正是他的改革为德国经济发展奠定了基础，使德国较好地抵御了国际金融危机的冲击。而南欧诸国由于没有及时对过高的福利制度进行改革，致使国家陷于债台高筑、入不敷出的严重债务危机之中。德国社会面临的另一个问题是，政党越来越失去公信力，公众特别是年轻人对政治不感兴趣。你看在西方国家，包括德国，各种选举很多，但去参加投票的人却不踊跃，甚至有时达不到半数。为什么？就是人们对选举不信任了，对政党在选举时做出的承诺不信任了，认为他们在说谎。我曾问过不少德国人，他们心里确实是这样想的。因此他们认为还不如待在家里，谁上台都差不多。德国社会本来是一个讲究纪律、效率和团结的社会，这种现象的持续发展可能导致德国社会的涣散和分裂，是令德国当政者头疼的问题。

现在我讲第二个问题。德国人如何对待生活和工作，换句话说，德国人有什么特点。随着我国对外交往的不断增多，特别是中德关系的迅速发展，中德两国人民之间的交往和接触不断增多，我们在同德国人的接触中，都能强烈地感受到德国人有一些非常明显的特点。而根据我个人在德国工作和生活多年的观察与认识，正是这些与众不同的特点，使德意志民族成为受人敬佩的伟大民族，使德国能够生产出无与伦比的高质量工业产品。

首先，德国人对待工作非常认真、严谨，一丝不苟。德国人对待工作的认真劲儿是出了名的，甚至达到了刻板的程度。我第一次到德国常驻是20世纪70年代初。一次我和几个同事在法兰克福大街上向一位德国人问路。这位德国人很热情地告诉我们应该怎么走，拐几个弯，在什么地方拐弯，都说得很详细。但他没有回答我们大概还需要走多长时间的问题。谁知我们谢过他向前走了没几分钟，这个德国人却快步从后面追上来告诉我们说，他刚才没有回答我们还需要走多长时间的问题，是因为他不知道我们走路的速度和步伐大小，现在他看了我们走路，可以告诉我们还需用多长时间了。我们真是大为感动，第一次领教了德国人的认真和严谨。和德国企业家接触过或者做过生意的中国老板都有一个共同的体会：同德国人谈判非常艰难，一点灵活性也没有。他们不仅死抠法律条文，而且对一些可以灵活处理的问题也不放松。比如一台机器的零配件，德国规定要4套配件，中国老板说，只需要2套就够用了，这样价格也可以更便宜。德国人就是不同意，坚持要有4套，认为这样才能保证质量。日本人就不是这样，他们的灵活性就大得多。而正是这种认真劲儿、这种严谨和一丝不苟，才保证了德国产品的高质量。我曾到德国几大汽车工厂参观过，回国后也参观过国内某汽车工厂，发现汽车外观虽然很漂亮，但仔细看就发现做工不精细，接缝不直、不严。老板对我说，没办法，虽然技术是德国的，但工艺达不到德国水平。在德国，一道工序规定做多少就是多少，不会打折扣。如一个磨件，规定磨100遍，在德国一定要磨到100遍，在我们这里，磨到第80遍就差不多了，因为看上去已经很光滑了。这就是差别。在德国，我们接触到许多德国人，发现他们身上都带有一个小本子。在同我们谈事时，时不时拿出来记上几笔。他们说是为了备查。德国人对待生活同样非常认真，一丝不苟。和德国人交朋友，不能轻易许诺他要做什么，如请他吃饭等，因为你一旦这样说了，他会记着此事，会很认真地等你邀请他。而德国人如果对你发出了邀请，不管过去了多久，他都是会兑现这个承诺的。

再举一个例子，说明德国人对待生活的认真和一丝不苟。好朋友结婚了，在德国亲朋好友也要送礼。但德国人送礼不会随便送，而是由新郎新娘列出一个需要什么东西的单子，然后在亲朋好友中间传递，每个人任选一样。这样既送了礼，又很实用。不像我当时结婚，热水瓶就收到10多个，没有办法处理。德国人过日子精打细算，同样很认真。一个月有多少收入，根据这个收入进行分配：吃饭花多少，买衣服花多少，文化娱乐花多少，剩多少存入银行，甚至请几次客、花多少钱，都计算得好好的，不乱花一分钱。德国人不但对自己的事很认真、严肃，对别人的事也很认真。20世纪70年代，我们使馆刚建立不久，对德国的法律规定了解得不多。那时，我国还实行每周6天工作制，而德国是5天工作制。星期天我们使馆不放假，下午就搞大扫除，当然免不了声音大，德国人发现我们星期天在工作，于是就报警，说我们不遵守劳动法，后来经过解释才算过去。你看，德国人就是这样，无论对自己还是对别人，都是这样认真。而正是由于德国人对待工作和生活都如此认真和一丝不苟，德国社会才如此井然有序，有条不紊。德国高速公路上尽管车流如织，汽车飞奔，而交通事故很少发生，因为大家都自觉遵守交通规则。也正因为如此，"德国制造"才如此受世人欢迎和称赞。我想，这也是值得我们中国人学习和借鉴的地方。

现在来谈谈德国人的第二个特点：守时，讲秩序，守纪律。我想，凡是同德国打过交道的人，都会有这个体会。德国人的守时、守纪律、守秩序，其实和他们的第一个特点有共同之处，就是对待一切都很认真，只是表现形式不同罢了。德国人的守时可是出了名的。在德国，你无论是出席某个集会，还是同朋友约会，都必须遵守约定的时间，宁可早些到也不要迟到，否则你会很难堪，因为主人或者其他客人都按时到了。而我在官邸请客时，常常看到客人早在约定的时间之前就到了门前，但他不进来而在周边散步，等到了约定时间他才敲门进来。如果因事不能按时赴约，他一定事先打电话告知并表示歉意。在座的可能有从事旅游行业的先生或者女士，你们一定有体会，带领德国游客比其他任何国家的游客都轻松，因为他们很遵守纪律，不会乱跑或者迟到早退。

德国人遵守秩序，守纪律，在我们看来，有时不免过分。我们使馆在波恩时，夜晚经常看到使馆前面站着几个老年妇女在等绿灯过马路，而当时马路上一辆汽车也没有，但她们就是不走，一定要等变灯后才过马路。有一次我到大商店购物，快到下班时间了，而排队的人特别多。眼看就要轮到我了，忽见营业员将收银机一关，立起身来就走，而这时包括我还有 3 个人在等着付费。我一看表，刚好 6 点。德国人就是这么刻板，下班时间一到，立马走人，而不管你排了多长时间的队。德国人对待各种法律法规的态度，同样是严格遵守而不含糊，按我们的话说就是法制观念很强。我认识一个朋友，是研究机关的，一年要写不少研究报告，发表后有不少稿费收入。一次他同我谈起此事，说尽管稿费不少，但缴了税后所剩并不多。我问他每篇稿子都要缴税吗？他说，他们都诚实地报税而不漏报。因为那样一是不道德，违反国家法律，二是一旦被税务机关查出，罚款很重，得不偿失。从这个例子可以看出，德国人遵守纪律包括法律，固然是一种美德，但也有健全的法律制度作为约束和监督。

我上面讲了许多德国人的特点，也可以说是优点，是德意志民族值得骄傲的方面。必须说明的是，所有这些优秀品德，是就一个整体或者说大多数人而言，并非每个德国人都能做到。现在，随着社会生活的现代化，特别是美国文化的影响越来越大，许多德国年轻人已经不像他们的老一辈人那样，在他们身上，许多优秀的德意志品德正在渐渐减少甚至消失。

中德关系，目前来讲，我用一句话可以概括，是中国同欧洲国家关系当中最广泛、最深入、最密切也是最富有成果的关系，德国是我们在欧洲最重要的合作伙伴，在世界上也是最重要的合作伙伴之一。我们现在同德国的贸易，去年有 1700 多亿美元，是我们同欧盟 28 国贸易总和的 1/3。我们现代化建设需要各种各样的先进技术，我们引进技术的一半来自欧洲国家，而欧洲国家中的一半又来自德国，大家可以看到德国对于我们的重要性。德国在华投资现已经达到近 200 亿美元。但是它的投资和其他一些国家的投资不一样，德国的投资大部分集中在工业领域，大家知道的汽车、化工、医药、电子等这些行业，对我们现代化建设发挥了重要的作用。德国同我们现在有 70 多对友好城市、省州关系，如山东省跟巴伐利亚，江苏省跟北威州，等等。北京市跟柏林市、科隆市的友好关系开展得非常有成效，给双方都带来了实实在在的利益。我们跟德国高校之间有 400 多对友好伙伴关系，双方交换大量的教学资料，进行教师的培训和教材交流，对我们高校之间的合作和相互提高都很有帮助。德国是我们中国对外科技合作的重要国家，科技合作的成果非常丰富，我们从德国引进了大量的科学技术、科技人才。中国现在在德国有将近 3 万名留学、进修人员，这个数字虽然不如在英国、加拿大的数字高，但有一点，就是我们在德国的这些留学生，可以讲真正是留学生，因为大部分是在大学学习或者是攻读博士或研究生，而不是为了学习语言的中学生。德国在建交之后给我们提供的发展援助和优惠贷款，为我们国家的建设发挥了很好的作用。

在国际上，中国跟德国在很多国际问题上观点比较接近，或者是比较相似。德国和中国都主张和平发展，主张通过政治手段、通过谈判、通过和平的方式解决国际热点问题和国际纠纷。中德之间无论在国际事务当中，还是在两国国家发展的问题上，合作的空间都非常大，合作的成果非常显著。中德建交已经 40 多年了，已经建立了全方位战略伙伴关系，也就是进行全面的合作。中德合作将来主要着眼于对两国未来发展具有广阔前景的领域，如环保。刚才我讲德国的环境保护得很好，它有很好的经验，有很先进的技术，这方面可供我们借鉴。第二个方面是节能。德国对能源的应用非常重视，它现在要把所有的核电站关闭，采用新能源和再生能源。德国在这方面也有很好的技术，这也是我们未来发展的一个重点，所以双方要加强合作。在国际事务中，包括在金融政策乃至货币领域、城镇化方面，中德也要加强合作。我刚才也讲了，德国的城镇化发展得很好，德国农民占的比例只有 2%~3%。德国在城镇化当中也曾遇到一些问题，现在我们可以合作，更好地解决我们中国城镇化中的问题。这些方面都对中国未来的发展具有重大意义。德国拥有这些方面的技术，拥有这些方面的经验，而且愿意向我们提供，愿意同我们加强合作。德国也看到中国发展前景非常广阔，也非常重视中国这样一个巨大的市场，重视我们这样一个在国际上有重大影响的合作伙伴，所以两个国家合作的前景应该是非常广阔的。问题也有，如意识形态的争议，对人权的不同看法，等等。对此，我们可以通过谈判、通过友好协商，相互照顾彼此利益来加以解决。

（根据 2013 年 8 月 22 日讲座录音整理，有删改）

经典之魅——

奥地利

主讲人　卢永华

（2000.8—2007.10 任中国驻奥地利大使）

　　我是 1995 年到奥地利去的，当了三年多的政务参赞，然后回国在外交部工作。我们外交人员一般一任是 4 年，在国外使领馆工作 4 年，回来在外交部待几年，就是来回轮换。小语种比较局限，比如德文，就在德语国家转：德国、瑞士、奥地利。大语种就全世界转，一会儿非洲，一会儿美国，一会儿英国，就是会法文、英文的这些同人。

　　我是 2000 年到 2007 年在奥地利当特命全权大使。奥地利是一个非常漂亮的国家，并且历史悠久。奥地利在历史上曾经辉煌过。历史上出现过德意志民族神圣罗马帝国，历任帝国国王大都出自奥地利哈布斯堡家族。有几个节点给大家介绍一下。

　　一个是公元 996 年，历史记载首次提到了奥地利。再一个节点就是自 1278 年起，奥地利巴本王朝和哈布斯堡王朝统治 600 多年。其间有几个名人，有一个是奥地利女皇玛丽亚·特蕾西娅，1740 年继任，1780 年去世。因为她父亲没有儿子，都是女儿，于是就把女儿推出来当皇帝。这个女人很厉害，生了 16 个孩子，其中 12 个是女儿。欧洲当时时兴政治联姻，她的女儿有的远嫁到墨西哥、西班牙、法国，她号称是"欧洲丈母娘"。奥地利是一个小国，但影响很大，因为女婿要听丈母娘的。同时，女皇在政治、教育、行政管理等各个方面进行了很多改革，因此很有威望，奥地利人都非常尊敬她。

　　再一个就是茜茜公主。茜茜公主是德国南方巴伐利亚人，她的母亲跟奥地利皇帝的母亲是姊妹，后来茜茜公主阴差阳错地嫁给了奥地利的皇帝约瑟夫。大家看电影应该很有印象，茜茜公主虽然是贵族，但是在农村无拘无束，也年轻漂亮，本来她姨妈是希望她的姐姐嫁给约瑟夫，后来相亲的时候，她的姐姐有事耽误了，茜茜公主先出来接待，两个人一

卢永华大使

见钟情。约瑟夫说非茜茜公主不娶，茜茜公主说非约瑟夫不嫁，成亲以后两个人关系非常好。但是茜茜公主嫁到皇家以后，对皇家的规矩非常不适应，拘束太多。后来茜茜公主的姨妈对她非常不满意，甚至连她生的孩子都不让她自己带，说她疯疯癫癫的，肯定带不出好孩子来，所以孩子让其他人带着。茜茜公主和婆婆发生矛盾时，约瑟夫站在妈妈这边，因此夫妻二人的关系也不那么和谐了。

茜茜公主有一个儿子叫鲁道夫，因为政治联姻娶了一个比利时的公主，但他自己不满意，就找了一个女朋友。由于种种原因，年轻的鲁道夫和他的女朋友在维也纳近郊的一个叫作麦雅林的地方自杀了。鲁道夫是茜茜公主唯一的儿子，他的死对茜茜公主打击很大。后来由于夫妻关系不好、婆媳关系紧张，茜茜公主便在一个老仆人陪伴下周游列国。1898 年 9 月 10 日，她在日内瓦湖畔遇到一个意大利无政府主义分子，被刺身亡了，终年 61 岁。其实，这名意大利人也不知道她是茜茜公主，主要就是要制造事端。因此有人将茜茜公主比作戴安娜，说自古红颜多薄命。茜茜公主在奥地利很受爱戴，影响也很大，到处都有她的画像。

说到奥地利的历史，还要讲两点。一是两次世界大战都跟奥地利有关。第一次是 1914 年，奥地利的王储斐迪南大公在萨拉热窝遇刺身亡，引起了第一次世界大战。第二次世界大战也跟奥地利有关系，希特勒是奥地利人。好多人不知道，以为希特勒是德国人。其实希特勒出生于德国和奥地利交界的地方，靠奥地利一侧。

1945 年德国战败，被四国占领，奥地利包括首都维也纳也被四国占领。当时，苏联一度想把奥地利变成东德，完全成为它的势力范围。最后双方达成妥协，奥地利宣布永久中立，四国撤军。因此奥地利虽然现在是欧盟成员国，但是没有加入北约，还是一个中立国家。

奥地利是个小国，首都维也纳人口 100 多万，但是在世界上却很有影响。另外，维也纳还有很多联合国机构。据说，这些联合国机构，还是瓦尔德海姆担任联合国秘书长时拉到维也纳的。瓦尔德海姆认为，奥地利是一个中立国、小国，军事上没有什么力量，如果联合国机构设在那儿，任何国家就不敢侵犯它了。20 世纪 70 年代，奥地利政府在多瑙河畔修建了联合国城，象征性地以每年 1 个先令的租金租给联合国使用。例如，联合国工业发展组织、国际原子能组织、国际禁毒组织等等，都在维也纳。欧洲安全与合作组织和石油输出国组织总部也在那儿。

奥地利历史上出过很多名人，是音乐之乡。维也纳是音乐之都，很多音乐家，像莫扎特、舒伯特、施特劳斯等等，都曾经在那里工作过。我曾经同奥地利朋友探讨过，为什么奥地利是音乐之乡？为什么很多世界级音乐大师聚集在这儿？他们说欧洲历史上，各个国家都有不同的传统，比如英国有赛马、宫廷贵族的生活等等。而奥地利王室就喜欢音乐，他们的皇宫里有乐队。当时的音乐大师远不像现在这么风光，他们多是为了挣钱养家糊口，因此纷纷涌到奥地利，到那里谋职。因此音乐迅速发展，在世界上就出名了。当时，很多音乐大师，包括国外的音乐大师贝多芬、李斯特等等，都纷纷来到维也纳，因此音乐比较出名。

奥地利历史上经过多次变迁，越来越小了。从神圣罗马帝国那么一个国家，后来1866年跟普鲁士打仗，普鲁士把奥地利打败，并把奥地利开除出德意志联盟，普鲁士把德国统一。奥地利和匈牙利和解，成立了奥匈帝国，一战后也解体了。历经变化，奥地利的领土越来越小，它的很多经济命脉被切断。这种情况下，它能适应变化，重新建立起自己的一套经济体系是很不容易的。现在它属于世界上高度发达的工业国，人均GDP四五千欧元，相当于我们好几倍。奥地利的经济很有特色，尤其是冶金工业、钢铁工业。二战时期奥地利被吞并，希特勒把很多技工转移到奥地利，让他们制造飞机、大炮、坦克，因此奥地利冶金工业很发达。德国很多汽车发动机都是奥地利生产的。奥地利号称能够生产长的钢轨，上百米。钢轨越长，接缝越少，就越稳当，只有高水平的钢铁厂才能生产长轨。奥地利山多，阿尔卑斯山横贯，白雪皑皑。缆车很发达，我们国内很多缆车都是奥地利生产的。

奥地利生产的发电设备很有特色，除了一般的发电机机组外，还有低水头发电站。这种设备适合中小型发电厂，但他们的机组不是立式的，而是卧式的，水流稍微有一点落差就能发电。另外大家所熟悉的施华洛世奇水晶玻璃，原来是捷克波希米亚的，后来经过了奥地利人的改造。所谓水晶就是人造玻璃，里面加了好多铅，所以它能闪闪发光。奥地利的切割技术，比捷克的高。但是有一点，捷克的水晶玻璃能够做酒具，奥地利的不能做酒具，只能做饰品。

奥地利旅游业很发达，旅游是它很重要的支柱产业。奥地利风景非常漂亮，到处都像油画一样，并且一年四季都有景致。奥地利人口 800 多万，国土面积 8 万多平方公里，一年接待旅游量却达好几千万。人们普遍反映，维也纳的点心非常出名，过去专门供应宫廷。但是我们可能不太适应，太甜。奥地利的咖啡好。据说土耳其曾经攻打过维也纳，两次没有攻下来，撤退以后留下很多咖啡豆。奥军将这些咖啡豆奖励给了作战有功人员。奥地利自己不产咖啡，但是制作工艺非常好。另外，奥地利的葡萄酒好，尤其冰葡萄酒，非常醇香，非常甜。奥地利烤肘子也非常出名。奥地利人会享受生活，他们比较浪漫，不那么浮躁，确定的目标不是很高，不想成为亿万富翁，或者成为什么家。你去问有些小青年，当老师、当售货员都是很普遍的。有一本书说奥地利整个空气里都飘着音符。每年夏天，全国各地都举办各种音乐节，如西部博登湖畔的布雷根茨古典音乐节、萨尔茨堡的莫扎特音乐节，维也纳音乐节，东部莫比什湖的轻歌剧节，等等。世界各国旅游者纷至沓来，以饱耳福。每年年初，奥地利全国跳舞。因为那个地方，冬季白天短、晚上长，没什么事可干，于是各行各业组织跳舞，军队、警察、咖啡协会、工人协会等等，都组织跳舞，实际是一种联谊活动。

奥地利历史上也曾经发生过污染，但是治理得非常好。奥地利森林覆盖率达 50% 以上，几乎没有裸露的土地，全国就是一个大氧吧。东部温泉遍地，萨尔茨堡周围湖泊连成片，湖水清澈见底，能达到饮用水标准。他们的淡水是很重要的战略资源，能供应 4 亿人饮水。他们要出口淡水，以后淡水可能跟石油一样金贵。奥地利社会保障制度比较完善，人们生活非常安逸，社会也比较安定。他们重视二次分配，实行纳税累进制，挣钱越多缴税越高，抑富济贫，对弱势群体非常照顾，完全是一个福利国家。当然这样的制度也可能培养懒汉。战后，奥地利建立了一套社会矛盾调节机制，每年年底，资本家协会、工人协会、农民协会、政府代表在一起商讨下一年的经济指标、经济增长多少、工资增长多少等等，最后达成协议，各方按照协议办。因此，奥地利是世界上罢工最少的国家，社会比较和谐，基本上没有那么多防盗窗。国外人家大都没有栅栏，也没有围墙，出国旅游之前跟邻居一交代就走人。这个国家大多数人信仰基督教、天主教，他们提倡宽容、良性竞争。

关于柏林墙的倒塌。二战之后，德国战败，被四国占领。英、美、法占领区合并成立了西德，苏联占领区就是东德。柏林也分了四份，四国占领。后来英、美、法三国那边合并成了西柏林，苏联这边是东柏林。据说柏林是苏联红军打下来的，而德国东部一部分被西方占领，如大家所熟悉的易北河会师。斯大林就跟西方讨价还价，想让西方退回去，交换条件是将柏林分给西方一半，因为柏林政治上有象征意义。柏林原来是开放的，有的人在东柏林住、在西柏林工作，有的在西柏林住、在东柏林工作。但是随着形势的变化，东西方关系日趋紧张。西方千方百计把西柏林当成窗口，另外绞尽脑汁挖东柏林的墙角，很多工程技术人员和资金等大量流向西柏林。这种情况之下，苏联决定建立柏林墙，把西柏林围起来。1961 年 8 月 13 日，一夜之间，一百多公里的铁丝网整个把西柏林围起来，后来铁丝网被水泥墙代替，成了真正的边界。

当时，由于东德生活条件不如西德，政治方面东德控制也很严，所以有很多人千方百计逃离东德。据说有人躲到西德人的汽车后备厢里，有的从东柏林挖地道，有的乘坐热气球，有的从北边海上往西德跑。如果他们被东德当局抓住，西德政府就花钱赎他们。一直到 1989 年，东德局势动荡，国内呼吁德国统一的浪潮日渐高涨。在这种情况下，东德当局不得不顺应民心，在 1989 年 11 月 9 日，决定开放柏林墙。当天晚上，我跑到距离使馆较近的一个东柏林关卡——鲍霍尔姆大街关卡，亲历了那令人感动和难忘的时刻。我看到，人们像潮水般涌到西柏林去。不管男女老少、认识不认识，个个热泪盈眶，欢呼跳跃，见人就拥抱。西柏林人为了欢迎东柏林人，还向每个人发所谓欢迎费，还准备了巧克力、香蕉。

东德消亡的原因很多，其中主要原因还是苏联放弃了。刚才讲到苏联在那儿驻军 40 多万，如果苏联不同意，西德肯定不敢动。但是戈尔巴乔夫上台以后，要收缩阵线。当时美国搞星球大战，苏联也跟人家竞争，但是苏联国力不行，竞争不过美国，经济也被拖垮了。戈尔巴乔夫决定从阿富汗撤军，往回收缩。东德实际上也是苏联的一个包袱。当时科尔总理抓住时机，以防夜长梦多，一夜之间把东德马克换成西德马克。大批汽车将西德马克运到东德来，规定一定数量内按照 1∶1，超数量的按照 2∶1 让东德人兑换。很多经济学家反对，说这样做会把西德经济拖垮，但是科尔总理始终坚持，为了实现统一。统一之后，西德为了扶持东德，每年还要拿出 1000 多亿马克。因为合并以后，东德很多企业垮了，要救济，拖了西德很多年后腿。

关于金色大厅。维也纳金色大厅是一个演出场地，只要有档期，具有一定艺术水准的艺术团体都可以租。租金不是很高，一晚上大约 2 万欧元，合20 万人民币左右。我们最早去的是中国民乐团。后来，宋祖英、谭晶等人都在维也纳金色大厅举办过演唱会，由当地文化中介机构联系安排，我们使馆进行协助。

我们去演出的艺术家，多数都不是商演，而是为了扩大影响，宣传我们中华文化。票由我们使馆赞助，组织当地的朋友、使团、华侨华人观看。客观地说，多数演出对宣传中华文化是做出了贡献的。中国人进入金色大厅，在金色大厅高唱爱我中华，影响确实很大，对华侨华人也是一种鼓舞。

（根据 2012 年 8 月 16 日讲座录音整理，有删改）

从峡湾之国到航海之乡——

挪　威
葡萄牙

主讲人　马恩汉

（曾任中国驻挪威、葡萄牙大使）

　　我从事外交工作 38 年，其中有 28 年是在欧洲度过的，在欧洲工作过的国家主要有两个：一个是北欧的挪威，另一个是南欧的葡萄牙。我在挪威工作和学习的时间比较长，在奥斯陆大学学习了 4 年，又在使馆工作了 20 年，加起来是 24 年，还在葡萄牙工作了将近 4 年。今天我愿意以自己亲身的经历带大家去北欧看挪威，去南欧看葡萄牙，介绍这两个国家不同的历史、文化、经济、政治、风土人情等各方面的情况，希望借此能够增进大家对这两个国家的了解，也为双方人民之间架起一个相互了解的友好桥梁。

马恩汉大使（前右一）

　　我从 1964 年到挪威学习，1969 年于奥斯陆大学毕业，1970 年被分配到外交部工作，入部后仅两三个月就被派往我国驻挪威大使馆工作，1998 年至 2002 年任我国驻挪威大使。结束挪威任期后，于 2003 年至 2006 年任我国驻葡萄牙大使。我对这两个国家的总体印象是：两国人民朴实善良，两国历史曲折动人，两国文化丰富多彩，自然风光优美绚丽，旅游资源独具特色。

一、峡湾之国——挪威

一提起挪威，人们自然会想到这是一个自然环境优美、空气新鲜、社会稳定、高福利、高生活品质的国家。从 2001—2006 年，挪威曾连续 6 年被联合国开发署评为"世界上最宜人类居住的国家"。

挪威国土面积 38 万平方公里，人口 470 万。挪威语国名"Norge"，意为"北上之路"，或"通往北方之路"。在大多数中国人的印象里，挪威是一个遥远的国家，但不少挪威人却认为中挪两国其实离得并不远。我在挪威工作期间，有不少朋友就曾半开玩笑地对我说，"挪威与中国其实是邻居，在我们两国之间才隔着一个国家而已"。当然，他们说的这个国家是国土面积最大、横跨欧亚两个大陆的俄罗斯。

挪威位于斯堪的纳维亚半岛西部，领土南北狭长，形似"哑铃"，南北距离达 2600 多公里。我曾经多次乘坐飞机从挪威首都奥斯陆到挪威的最北端，

挪威峡湾风光

其距离和我坐飞机到意大利的首都罗马差不多，这说明挪威的南北很狭长。另外，挪威国土有1/3在北极圈内。挪威的地理位置造就了许多不同于世界上其他国家的自然风貌。下面我就挪威几个显著特色给大家介绍一下。

挪威一向有"峡湾之国"的美誉。其西部海岸的峡湾，以气势磅礴和多姿多彩闻名于世，被联合国教科文组织列入世界文化遗产名录。峡湾宽数公里，延伸至内陆达几十至数百里，两岸山峰陡峭，瀑布众多，风光秀丽迷人，深受各国游客青睐。挪威最负盛名的有四大峡湾，且各具特色：1.盖朗厄尔峡湾，以瀑布壮丽而出名；2.松恩峡湾，以长度而闻名，深入陆地200多公里；3.哈当厄尔峡湾，夏季峡湾两岸山上艳丽的鲜花令人陶醉；4.里瑟峡湾，以悬崖峭壁之险而令人惊心动魄。我曾于2001年出席挪威外交部组织的使节旅行，乘船游览盖朗厄尔峡湾，峡湾秀色如同一幅美不胜收的油画，令人如醉如痴。峡湾是上帝赐给挪威的特殊礼物，被视为挪威的灵魂和骄傲。

挪威有两大自然奇观："午夜太阳"和"北极光"。在挪威北极地区，夏天有"午夜太阳"整夜照耀大地，夜里12点仍可在"阳光"下看报、打高尔夫球，景色十分壮观。另一个奇观就是冬天的"北极光"。一条条彩色光带划

挪威北极光

破漆黑的夜空,令人感到非常神秘。不过北极光是稀罕物,偶尔才会"露峥嵘"。因为出现"北极光"需要满足三大条件:一个是温度,只有满足零下 20 摄氏度才有可能出现;第二个条件就是夜空晴朗,有云不会有"北极光";第三个条件是天气平静,不能刮风,三者缺一不可。我曾经因为工作的关系,多次到挪威北部去访问或出差,但是只有少数机会能够欣赏到奇妙的"北极光"。记得有一年我到挪威北部出差,大约是晚上 11 点,忽然听到窗外人声嘈杂,说是"北极光"出现了。只见漆黑的夜空闪现出一条彩色的光带,像蛟龙在翻滚,像嫦娥在起舞,五彩斑斓,颜色以绿、蓝、红、白为主,在夜空翻转,持续了半个多小时。"北极光"的壮丽和神秘妙不可言。

　　世界上最大的人体艺术雕塑公园叫奥斯陆维格朗公园,这是去挪威必看的一景。这个公园位于奥斯陆市区,凡是到挪威的旅客,都要到这个公园参观。该公园以挪威著名的雕塑家维格朗的名字命名,占地约 80 公顷,是目前世界上最大的露天裸体人像雕塑公园。该公园从构思到创作,完全由维格朗一人完成,从 1924 年建园到 1943 年完工,用了将近 20 年的时间,是维格朗

奥斯陆维格朗公园

用尽毕生的精力创作出来的世界上独一无二的杰作。这个公园共有 192 座雕塑、650 座浮雕，有石雕也有铜雕，每个雕像形态各异，各个栩栩如生。公园的主题主要是表现人生的价值和生命周而复始的循环。公园的这一主题与我国古代道教和佛教所表达的"物化"理念，即生死是不可抗拒的自然法则，及"天人合一"的思想十分相似。这说明挪威和中国虽然距离遥远，但所反映出的文化异曲同工，这十分耐人寻味。

挪威是一个以海为生的国家，素有"海洋民族"的美称，航海业很发达。挪威海岸线长达 2.2 万公里，比我国的海岸线还要长 4000 公里。公元 8 世纪到 11 世纪，曾是挪威人引以为豪的"维京时代"，俗称"海盗时代"。直到现在，挪威仍是世界上五大航运国之一。

历史上，挪威在公元 9 世纪形成统一王国。挪威曾受丹麦和瑞典统治长达 500 多年，直到 1905 年才成为一个独立国家，这也是挪威珍视独立来之不易的原因。文化上，由于这一特殊的历史背景，挪威在历史上曾出现过文化大繁荣时期，曾孕育出多位世界级文学、音乐、艺术大师。家喻户晓的有戏剧大师易卜生（Henrik Ibsen，1828—1906），其作品在世界上有重要影响，也曾影响了中国几代剧作家。他的作品之一《玩偶之家》早在 20 世纪 30 年代和 50 年代就分别在上海和北京上演，对激励当时的妇女解放运动有积极意义，引起不小的轰动。《易卜生剧作全集》也被译成中文在中国发行，深受中国读者欢迎。古典音乐大师格里格（Edvard Grieg，1843—1907），也深受中国人民喜爱。他所谱写的著名乐曲《婚礼》无数次在中国的广播电台播出，其美妙旋律打动了不少中国人。还有现代主义绘画大师蒙克（Edvard Munch，1863—1944），他的作品很受中国和日本青年的青睐，曾经在北京、上海等城市多次展出，引起不小的轰动。此外还有获得诺贝尔文学奖的小说家汉姆生（Knut Hamsun，1859—1952），在中国也不陌生。

经济上，挪威的发展变化很快。记得在 20 世纪 60 年代初，我在挪威留学时，当时的挪威在欧洲还是一个很穷的国家，与阿尔巴尼亚齐名，被欧洲人看成"欧洲的农村"。自从 70 年代初在北海发现石油和天然气以来，巨额的石油收入给挪威带来滚滚财源。2008 年挪威 GDP 高达 4300 亿美元，人均近 9.4 万美元，居世界前列。即使在当前整个西方世界（包括美国和欧洲）深受金融和主权债务危机严重影响，经济普遍下滑的情况下，挪威因得益于石油工业的支撑，其经济仍逆势增长。

下面我想介绍一下挪威的民俗和民风。根据我多年的观察，总结出七大特点：

第一个是热爱大自然，喜爱户外运动。这个对我本人影响也很大。挪威国土面积大，人口少，因此人与自然形成很密切的关系，人们很喜欢到户外活动。冬季，无论是男女老少，都喜欢到户外去滑雪。春季喜欢到郊外散步、野餐，夏天喜欢游船、钓鱼，秋天去山上采摘蘑菇。这些都给我留下了深刻的印象。户外运动既能锻炼身体，又能结识新朋友。

第二个特点是爱护环境，环保意识强。挪威的情况跟中国不大一样，地广人稀，森林覆盖率高，超过 50%。挪威这个国家对环保教育抓得比较紧，很少有人乱丢东西，也很少有人随地吐痰。挪威还是世界上最早实行垃圾分类的国家，利用垃圾进行发电采暖，效果是比较好的。

第三个特点是注重实用，不讲奢华。挪威的家具都很简洁实用，不追求奢华。挪威人很喜欢别墅，所谓别墅，其实就是很简单的木头房子，到那去居住很原始，既无水也无电，用水要从湖泊去提，做饭和取暖也要到山上采集木材。

第四是社会风气良好，富有爱心。人与人之间很乐于相互帮助，我本人就有切身经历。冬天雪下得很厚，我们的外交车辆经常在雪地里打滑开不动，这时很多路人会主动来帮忙推车。

第五个特点是挪威人性格内向，外冷内热。我们形容挪威人的性格有点像暖水瓶，初次接触时，他们不爱主动讲话，但是成为好朋友后，就很热情，经常请你到家里做客。我在挪威期间，几乎每个圣诞节都是在挪威朋友家里度过的，大家围着圣诞树跳舞，分发圣诞节的礼品，就像一家人一样。

第六个特点是喜欢宠物。由于挪威人高工资、高福利、高待遇，平均寿命很长——女性平均寿命 82 岁，男性 79 岁。所以挪威的老人单独居住的很多，物质上很丰富，精神上很孤单，所以喜欢通过养宠物以减少孤独感。

第七个特点，信仰宗教，但宗教意识不浓。85% 以上挪威人信仰宗教——基督教路德宗，但是宗教意识不浓，很少有宗教的极端主义。

1970 年，我进入外交部两三个月后就被派往我国驻挪威大使馆工作，没想到从此与挪威这个国家结下了不解之缘。我在驻挪威使馆先后工作过五任，共 20 年，最后一任是 1998 年至 2002 年。从 1964 年赴挪威留学到 2002 年底结束驻挪威大使任期，我成为中挪关系发展史的见证人之一。总体来看，中挪自 1954 年建交以来，两国关系发展平稳，特别是自 20 世纪 80 年代以来，中挪双边高层互访增多，经济、文化、科技、教育、环保等各领域合作取得长足进展。但两国关系不总是一帆风顺，也发生过一些波折。风雨过后，两国关系重新出现转机。两国领导人实现互访，举行双边会谈，达成许多重要共识，签署了一系列合作协议，推动两国关系进一步向前发展。

二、航海之乡——葡萄牙

葡萄牙面积 9.2 万平方公里，人口约 1000 万。葡萄牙是一个盛产葡萄酒的国家，但"葡萄牙"这个国名与葡萄酒并没有任何关系，完全是翻译的功劳——根据音译"PORTUGAL"，给葡萄牙取了这么一个美好的国名，其拉丁文的原义是"温暖的港口"。

葡萄牙是欧洲最古老的国度之一，同时与地中海和北非国家又有着千丝万缕的联系。自公元前 2000 年起，古伊比利亚人、凯尔特人、腓尼基人、希腊人、罗马人、日耳曼人和北非摩尔人先后来到伊比利亚半岛，相互贸易、通婚、战争，在混乱中逐渐融合。葡萄牙民族是几千年来欧洲和地中海血缘混合和文化交融的产物。

葡萄牙是全球范围内最早崛起的大国。在航海大发现时期，葡萄牙曾是强盛的"海上帝国"。它在非洲、拉丁美洲和亚洲建立了比本土面积大 100 多倍的殖民帝国，曾一度垄断西方与东方的贸易，获得巨大财富，经济、文化空前繁荣。在这一时期，葡萄牙曾为世界航海事业做出过重大贡献。葡萄牙著名的航海家达伽马（Vasco da Gama，约 1460—1524）是欧洲经非洲好望角到印度海路新航线的开拓者，这是世界航海史上的巨大突破。

另一位葡萄牙大航海家麦哲伦（Ferdinand Magellan，1480—1521）是第一位从东向西穿过太平洋航行的欧洲人，也是历史上完成环球航行的第一人，他以实际行动证明地球是圆的。但随着新兴资本主义国家进入航海领域，葡萄牙逐渐失去对海洋的垄断地位，国力也随之衰落，被新兴起的工业强国所取代。

葡萄牙的文学成就及对世界文学史的贡献也可圈可点。葡萄牙 16 世纪的大诗人卡蒙斯（Luis Vaz Camoes，约 1524—1580），他的巨著《卢济塔尼亚人之歌》（注：卢济塔尼亚人是对葡萄牙人的另一称呼），分为 10 章，近 9000 行，主要歌颂葡萄牙人在航海大发现时期的航海业绩。这一力作被列为文艺复兴时期杰出的人文主义作品，地位堪与英国的莎士比亚、西班牙的塞万提斯、意大利的但丁相媲美。此外，葡萄牙还有 20 世纪上半叶杰出的大文豪佩索阿（Fernando Pessoa，1888—1935），以及获得 1998 年诺贝尔文学奖的萨拉马戈（José Saramago，1922—2010）。

葡萄牙航海大发现纪念碑

　　葡萄牙的传统民歌——法多被誉为葡萄牙的国粹。"法多"源自拉丁文，意为"命运"，深受葡萄牙人民喜爱。法多起源于航海大发现时期，远航的水手唱此来倾诉思乡之情。法多也用来表达生活中的悲欢离合和喜怒哀乐，每个葡萄牙人几乎都能哼上几句。不同地区的法多风格和派别也不尽相同，以中部城市科英布拉的法多及首都里斯本的法多两大派别最为出名。我在任驻葡萄牙大使期间，曾多次应友人之邀去欣赏法多演出。台上歌手唱得动情，台下观众听得入迷，唱到高潮时台上台下一起吟唱，浑然一体，充满激情。我虽然听不太懂，但也被那热烈的气氛深深地感染。

　　葡萄牙是一个名副其实的足球王国，足球因此成为葡萄牙文化的另一张名片。葡萄牙人个个喜爱足球、谈论足球，走在里斯本街头，只要有一块空地，就有青少年在踢足球，不少中老年人也参与其中，其乐融融。葡萄牙人对足球的偏爱甚至超过我们对乒乓球的热爱。葡萄牙的面积不大，但足球场遍及全国，足球运动的群众基础深厚。葡萄牙大腕球星如菲戈、C.罗纳尔多蜚声全球，无人不知，无人不晓，甚至在中国也有不少粉丝。我有幸赶上了2004年在葡萄牙举办的"欧洲杯"足球赛，比赛期间举国欢庆，整个葡萄牙都沉浸在节日般的欢乐海洋之中。葡萄牙队最终获得亚军，里斯本大街小巷鞭炮齐鸣，人群的欢呼和汽车喇叭声震耳欲聋。这是我平生第一次亲身感受到足球有如此大的魅力。

　　葡萄牙人性格豁达开朗，感情真挚细腻，待人热情诚恳。既有欧洲人的文化气质，也有地中海人的热情奔放，很会享受生活，充满浪漫情趣。但是如果再加上一点，像德国人那么勤劳和有创意，也许就可避免现在的债务危机。

　　葡萄牙气候宜人，冬无严寒，夏无酷暑。山清水秀，风景如画。古堡、宫殿、博物馆和古建筑随处可见，被列入联合国教科文组织世界文化遗产目录的景点就有12处。因此，葡萄牙旅游业十分兴旺，每年接待的外国游客有1200多万，比葡萄牙本国人口还要多。

　　经济上，葡萄牙在欧盟属中等发达国家，工业基础较薄弱。纺织、制鞋、酿酒、旅游是国民经济的支柱产业。软木产量占世界总产量一半以上，出口位居世界第一，所以葡萄牙一向有"软木王国"之称。好的葡萄酒塞子就是软木做的。葡萄牙的气候非常适宜软木生长，在葡萄牙到处可见软木林，一般八九年就要扒一次皮，我们也称它为"扒皮树"，可扒10次左右。除此之外，葡萄牙还盛产葡萄酒和橄榄油。葡萄牙的葡萄酒被称为"国宝"，橄榄油被称为"黄金"，它们和软木并称为"葡萄牙三宝"。

　　20世纪最后一次大型世博会于1998年在里斯本成功举办，主题为"海洋——留给人类未来的遗产"，旨在强调海洋对人类物质和精神文明的重要性及保护海洋资源对可持续发展的重要意义。整个世博园构思和建筑风格独具匠心，现已成为里斯本地标性商业新区和吸引各国游客的一个重要景点。

　　中葡双边关系。中葡两国交往历史悠久，早在1520年，葡萄牙就向中国明朝派出使节。中葡于1979年建交后，两国关系稳步发展，特别是1999年，经双方友好协商，实现澳门平稳过渡和政权的顺利交接，两国关系进入新的发展时期。进入 21 世纪，两国友好合作关系日益扩大。2003—2006 年，在我出任葡萄牙大使期间，推动两国关系迈上新台阶是我的主要使命。在这期间两国高层互访频繁，各领域的合作特别是经贸合作发展迅猛，双边经贸额四年增长了两倍。

三个特殊平台助推中葡关系深入发展。由于历史上与中国的特殊渊源，葡萄牙作为世界葡语国家的母语国及葡萄牙作为欧盟的成员国，在发展对华关系方面有三个特殊的有利平台。

第一个平台就是澳门。与挪威相比，葡萄牙与中国交往历史更加久远。因为中葡关系中有一个特殊平台，那就是澳门。葡萄牙曾占领澳门长达 500 多年，但最终于 1999 年经过友好谈判实现澳门顺利回归，澳门因素将中葡连在一起。在葡萄牙，你会亲身感受到许多"中国元素"，如葡萄牙人爱吃的海鲜饭颇具广东特色，很适合中国人的口味；受中国瓷器的影响，葡萄牙风格的青花瓷随处可见，深受葡萄牙人喜爱。

1999 年澳门回归中国后，中葡关系并未受到影响，两国关系继续向前发展。其原因很简单，葡萄牙人通过澳门对中国的历史和文化了解得更多，对中国的发展和现状理解得更深，澳门对促进中葡关系的发展发挥了积极作用。

第二个平台是"中国—葡语国家经贸合作论坛"。目前世界上有八个讲葡语的国家（欧洲的葡萄牙，拉美的巴西，非洲的安哥拉、莫桑比克、佛得角、几内亚比绍、圣多美和普林西比，亚洲的东帝汶），讲葡语的人口加在一起 2 亿多。2002 年由中方提出建立中国—葡语国家—澳门三方合作机制，共同开发葡语国家市场，帮助葡语国家提高管理、卫生、教育和基础设施水平。经各方努力，2003 年在澳门正式成立了"中国—葡语国家经贸合作论坛"，并把日常办事机构论坛秘书处设在澳门，定期召开例会，有力地推动了中国与葡语国家在各领域的合作。

第三个平台是中欧合作。葡萄牙是欧盟重要成员国，前任欧盟委员会主席巴罗佐就是葡萄牙前总理。葡萄牙与中国和欧盟都保持着良好关系，两头都能说得上话。葡萄牙明确表示支持欧盟取消对中国的军售禁令，支持欧盟承认中国全面市场经济地位。葡萄牙领导人多次向中方表示愿为推动中国和欧盟关系的发展做出积极贡献。

（根据 2012 年 7 月 26 日讲座录音整理，有删改）

西方文明的摇篮——

希　腊

主讲人　甄建国

（2000.2—2002.7 任中国驻希腊大使）

　　我是在 21 世纪初被派往希腊担任中国大使工作的，两年半的任期很短暂，但这个国家给我留下了深刻的印象。我感触颇深，学到了很多东西，开阔了眼界，今天同大家分享一下。

　　希腊国土面积不大，地处欧洲的东南角，北部邻国有阿尔巴尼亚、马其顿和保加利亚，东邻土耳其，南与埃及、阿尔及利亚和突尼斯隔海相望。它的克里特岛处于欧洲最南端。整个国家 13 万平方公里，比中国的浙江省稍微大一点，人口 1100 多万，98% 是希腊族，其余为少量的穆斯林，以阿尔巴尼亚人居多。其大陆部分同中国一样，大部分是山区，平原面积很小。此外，还有大小岛屿 3000 多个，海岸线长 15000 多公里。希腊的半岛和岛屿在人类文明，特别是西方文明史上发挥了重要作用。

　　希腊是总统议会制国家，主要权力在议会和政府。最奇特的是它的议会议员总数是偶数，历史上就曾出现过投票表决时出现平局的情况，如无其他办法，就诉诸抓阄。这在欧洲，乃至世界上都是绝无仅有的。

甄建国大使在宙斯神庙遗址

一、一个西方文明诞生的地方

　　人们都知道，希腊是西方文明的摇篮。在这里诞生了许多文明史上的奇迹。人们到雅典参观，仿佛就是在人类千年的历史中漫步。克里特文明出现在公元前 3000 年前，米诺斯王朝的宫殿是世界各国考古界研究的中心之一。这里的多层建筑在人类历史上首次出现了独立的供水、排水系统，这里的壁画活灵活现地展示出当时人们出海捕鱼、做手工艺品，以及体育活动的场面，还有那尚未被破译的线形文字 A。游走在用巨石建成的迈锡尼古城，你仿佛看到了《荷马史诗》中描写的"遍地黄金迈锡尼"的繁荣社会情景，也仿佛听到了阿伽门农国王率领希腊各路大军征战特洛伊疆场的战马嘶鸣声。奥林匹亚古运动场，雅典执政官发表人类第一篇关于民主政治的演说的讲台，还有那选举投票机器，人类哲学发展的摇篮——柏拉图学院和亚里士多德学院，建于公元前 6 世纪的萨摩斯岛上的千米隧道，在岩石中开凿出来的 6000 米长的科林斯运河，约 2000 年前的古计算机和岩石砌成的水钟，还有那震惊世界考古界的马其顿国王菲利普二世的古墓，都在向我们诉说着它们的辉煌历程，

克里特岛上的米诺斯王朝宫殿遗址

吸引着无数的游客慕名来到这里参观，并为此而流连忘返。

二、雕刻艺术的源头

来到希腊，就不能不寻觅那些难得一见的雕刻艺术大师的杰作。人们首先总会想到法国巴黎卢浮宫两件"镇馆之宝"，即《米洛斯的维纳斯》和《胜利女神》雕像。希腊是西方雕刻艺术的发祥地，在希腊还产生过许多与维纳斯雕像同时代的惊世之作，最令人瞩目的是古代"世界七大奇迹"中就包括希腊两座神庙中的巨型雕塑艺术作品：一座是古奥林匹亚宙斯神庙中的宙斯雕像，另一座是罗德岛太阳神巨型铜像。还有那雅典卫城上的帕特农神庙中的雅典娜巨型雕像和神庙三角楣饰上的巨型组雕，以及少女廊柱的六尊栩栩如生的女神雕柱，还有与古代希腊神圣的体育运动有关的《掷铁饼者》等，它们都是开创建筑雕刻艺术的先河之作。

希腊的雕刻艺术经历了陶塑、铜雕、石雕艺术等不同发展阶段。早在公元前约 2000 年的克里特米诺斯文明时期就有了发达的陶塑和铜雕作品，其典型之作就是十分精美的双手持蛇的女神和铜牛头，比较有名的还有《雅典娜怀念故人》浮雕。十分有意思的是，一些公元前 7 世纪的雕刻作品表明，当时人物雕刻的正面已臻于完美，但人形的背面则无大的区别。这些作品中的人物表情，无论是男性勇士，还是美若天仙的女性，大都略带一丝微笑。到了雅典城邦鼎盛时期的公元前 5 世纪，人物的石雕和铜雕都达到了现代雕刻家也难以想象的水平，雕像的背面体现了完美的人物形体、动作和感情的特点，而人物面部表情，也因人因场景不同而有异同。其最典型的作品就是人所共知的维纳斯、胜利女神大理石雕像和宙斯的铜雕像。

公元前 5 世纪到公元前 4 世纪是希腊奴隶制民主政治发展的顶峰，也是以哲学为代表的社会科学和以数学与物理为代表的自然科学得到巨大发展的时期，人们对民主政治及其艺术表现形式有了新的认识。与此同时，数学、几何、物理等领域的发现层出不穷。这些成果对雕刻艺术的发展产生了巨大影响，并使其有了质的飞跃。雕刻艺术的发展对建筑艺术也产生了无处不在的巨大影响，并完美地结合在一起。最典型的就是雅典卫城上的帕特农神庙。希腊的雕刻艺术对后来的罗马文明，甚至中亚和印度的佛教雕刻艺术也产生了相当的影响。希腊的雕刻艺术是人类文明的一个璀璨的明珠，对欧洲乃至世界文化的发展都产生了深远影响，同时也是当代绘画、雕刻艺术和其他艺术门类取之不尽的源泉。

雅典卫城上的帕特农神庙

三、奥林匹克运动的发祥地

出使希腊前，我就曾想要尽快到奥林匹克圣地去看一看。谈到希腊，人们自然会把它同奥林匹克运动联系起来。希腊人自古就崇尚完美而健壮的体魄、坚毅而顽强的意志、崇高而纯洁的美德，这一点从美丽而动人的希腊神话中体现出来。体育运动是同希腊文明的产生、发展密切联系在一起的。早在公元前约 2000 年，在克里特米诺斯王朝时期，最初的体育运动就出现了，这里出土的古老的壁画中就有青年进行拳击、跳牛等比赛。最初这些向神展示的高超的技巧、健美的身体是祭神的组成部分，后来逐渐演变成古希腊的四大竞技运动会。要了解人类体育运动发展的历史，一睹神圣的奥林匹克运动历史奇迹，就不能不到这些地方一游。当然，雅典首届现代奥运会的运动场也是游客必去的地方，人们在这里可以走上看台体验当年在这座用雪白的大理石建造的体育场内举行各项比赛的动人场景。

点燃奥林匹克运动会圣火的地方——赫拉神庙遗址

奥运会起初是一种盛大的祭神仪式，在仪式中进行跑步等竞技比赛。这就是古代奥运会。这种仪式要先由祭司在圣坛前举行祭祀仪式，也要点燃圣火，然后才进行比赛。现代奥运会保留了这一点燃圣火的仪式。古代奥运会在希腊是至高无上的，全希腊的城邦都要休战，有时达到了令人难以置信的程度。有一则传说称，公元前480年，波斯王薛西斯率大军进攻雅典。在温泉关附近，他发现希腊守军只有几千人，这令他百思不得其解。他起初还认为是希腊的战术。后来发现希腊正在举行奥运会，无暇顾及战事。波斯国军队遂发起进攻，并取得了胜利。历史上，古希腊地区一共举行了近300次奥运会。笃信基督教的罗马皇帝狄奥多西一世于公元4世纪下令取缔非基督教教徒举行的宗教仪式和赛会，奥运会也就此被禁止。奥运会在古希腊不仅是体育运动的盛会，也成为联系希腊各地区和城邦之间的重要纽带，对促进它们之间的政治、经济和文化发展发挥了重要作用。奥运会及其更快、更高、更强的精神已成为人类共同的文化和精神遗产。

四、不同的地质奇观

大多来希腊访问和旅游的人都知道希腊是西方文明的摇篮，参观古迹是必不可少的；人们也知道希腊是一个旅游的天堂，它的阳光、海水、沙滩和美岛闻名遐迩。但连我也没有想到，人们在这里可以亲身体验在欧洲其他国家难得一见的地质奇观。

天下美岛圣托里尼岛。人们都说，希腊岛屿非常美丽，唯有圣托里尼岛与众不同。它是希腊最神秘、最奇妙和最具特色的岛，拥有地中海难得一见的奇妙自然风光。圣托里尼岛的底部由一圈大小不一、奇形怪状的灰色岩石组成，这些岩石最高的有 200 米左右，最低处只有几十米。这些岩石有深红色、青铜色甚至暗紫色的。它那峻峭和奇妙的山岩使人为之震撼。如果你乘游艇来到圣托里尼岛，你就可以看到那高达百米的咖啡色的峭壁岩石，犹如从明镜般的海平面上陡然升起。它的顶部是一座座白色的小城镇，宛如给美岛披上了一缕白纱，好似那希腊众神所生活的云中仙阁。这里的沙滩有白色的，也有黑色的，更有别无觅处的红色沙滩。阳光、碧海、彩色的沙滩交相辉映，令人陶醉。当地人告诉我们，岛上的土壤世上稀有，只需清水和泥抹墙，其效果同水泥一样平细牢固。圣托里尼岛地处地震带上，公元前 15 世纪发生的巨大地震毁灭了当时的克里特文明。我曾在游船上结识一位美国地质专家，他告诉我，经过各国地质和历史学家的多年考察，多数专家认为，圣托里尼就是古代传说中亚特兰蒂斯沉入大海的地方。因为当时在欧洲地区，只有这里存在繁荣的古希腊文明。

五、萨马利亚大峡谷

克里特岛上的萨马利亚大峡谷是欧洲最长的峡谷，长 18 公里。进入峡谷如同进入另一世界，曲折的栈道十分险要、陡峭，在两公里内落差高达 1000 米，有的地段丛林覆盖。这里也有一线天的地质景观，两侧高山之间只有 3 米宽的夹缝，它的名字叫"铁关"，也是"一夫当关，万夫莫开"的意思。峡谷内是各种植物和野生动物的天堂，有峡谷特有的野山羊。1962 年，这一大峡谷申报成为国家公园。如今，这里已成为游客的乐园。

六、伏里哈达溶洞

在希腊，另一件我没有想到的事情是，这里竟然有欧洲最美丽的溶洞。伏里哈达溶洞位于伯罗奔尼撒半岛南部，形成于几十万年前，其独特之处是由海水和淡水混合形成的溶洞。洞内的水面低于海平面，现今洞内的水仍是硬咸水。溶洞的总面积为 33400 平方米，长达 14 公里，目前已开发并对游客开放的面积为 5000 平方米，乘船游览时间约 25 分钟。洞内的平均气温为 16 摄氏度 ~20 摄氏度，水温为 12 摄氏度。

乘船游览溶洞，梦幻般的奇特景色令人目不暇接。钟乳石形状奇特，色彩缤纷。有的像巨树参天，有的像象鼻入水，也有的像莲叶漂在水面，还有的像士兵列队迎宾。有的圆形洞顶布满万点繁星，与熠熠的水光交相辉映。洞内有红厅、黄厅、大宴会厅，有的洞厅富丽堂皇，有的洞厅小巧玲珑，美不胜收。

七、安德罗斯岛火山奇观

安德罗斯岛位于爱琴海东部，同希腊圣托里尼等岛一样也坐落在地震带上，是一个名副其实的未完全熄灭的火山岛。在欧洲要近距离体验火山奇观，非尼瑟罗斯岛莫属。公元 1422 年，安德罗斯岛上高 1400 米的火山大爆发，形成了一个直径巨大的火山口。现在该岛火山口外的山间和土地上生长着各种稀奇的植物和动物。这里出产的磨石在古代闻名遐迩，现在北部小岛上的特色轻石业仍相当繁荣。独具特色的是该岛的海滩是青一色的黑色圆形火山岩石子。坐落在火山口旁的尼基亚小村是游客们十分喜欢光顾的地方，人们在这里可以鸟瞰整个火山口，高耸的岩浆形成的山峰、形状各异的火山口内蜿蜒曲折的山路尽收眼底，一派人间罕见的景观。岛中央的火山口是一个直径 3 公里、欧洲最大的火山口。火山口内有 5 个熔岩岩穹和几个小火山口。其中最深、最大的是圣斯特凡诺斯活火山口，直径为 300 米，深 25 米。人们可以沿着陡坡上的小路下到火山口底。这里有许多高温喷泉，沸腾的泥浆和从地壳下喷出的气体高达 98 摄氏度。地面的温度相当高，可以使橡胶鞋底熔化。这里到处是硫黄臭气味，人们可以很容易找到罕见的硫黄晶体。凡到此地的游客均会拾几粒作为纪念。

八、曼代奥拉山

此山位于希腊中部，距雅典 350 公里，共 24 座如刀削般的陡峭砂岩山峰。它们平地突起，光滑出奇，陡峭险峻。"曼代奥拉"在希腊文中的含义是"飞翔的石头"，它们确实像一块块天外来石，直插在一块广阔的平原上，恰似中

曼代奥拉山顶的修道院

国的桂林山峰在希腊再现。这些直立的悬崖峭壁上建有东正教修道院群。早在公元 986 年，一位名叫巴尔纳巴斯的苦行修士来到了这里。1366 年，希腊阿索斯圣山的修士阿塔那修斯来这里修建了第一座修道院。此后又相继建了其他 24 座修道院。1922 年，为了保护这些修道院，人们为其中的 6 座开凿了上山的石梯。此后这里的香火又兴旺起来。这六座修道院目前对外开放，其中圣卢萨诺修道院的景色最为奇特壮观，院内教堂里的古壁画堪称一绝。闻名遐迩的 "007" 系列谍战电影中就有一部是在这里地形最险恶的修道院拍摄的。人们只有乘缆车横渡山谷才能进入院中。曼代拉山的特殊地貌和中世纪修道院群已成为世界著名的自然和文化遗产。

九、莫纳姆瓦西亚岛城

有 "希腊的直布罗陀" 称号的莫纳姆瓦西亚岛城，坐落在伯罗奔尼撒半岛南部最东的一个细长半岛的东海岸边。此地原是一个小小的半岛，公元 375 年发生了一场大地震，使此地完全与海岸分离，成为一个四周环水的岩岛。它从海平面陡然升起，高达 350 米，现只有一座小桥与陆地连接。该城在历史上战略地位重要，扼地中海通往黑海的通道。从拜占庭时期到第二次世界大战，该岛都是兵家必争之地。岛上的城池始建于公元 6 世纪的查斯丁尼国王时期，后成为中世纪拜占庭帝国的一个重要宗教中心。鼎盛时期该城的居民有 5 万人。该城分上城、下城两部分，建有城墙，有的地方高达 30 米，人们可以在城墙上环城而行。险要的地势和高大的城墙使得该城在历史上从未被武力攻陷过。19 世纪初，在希腊争取独立的战争中，起义军包围奥斯曼帝国的军队达 4 个月之久，迫使敌军投降。

十、蝴蝶谷

在著名的罗得岛首府西南 26 公里的地方，有一个狭窄山谷，谷中密林蔽日，溪水蜿蜒曲折，大小木桥飞跨而过。每年 6—9 月，这里是成千上万的泽西虎蛾的天下。它们被这里的金黄色的枫香树的树香散发的香草味所吸引，集聚在这里。无数游客和昆虫学家慕名来观赏这一希腊罕见的自然奇景。我曾亲临谷中，体验那沁人心脾的新鲜空气、淡淡而迷人的树脂清香、扑面而来的色彩斑斓的泽西虎蛾群，还有那林中令人神往的恬静，令人仿佛进入了人间仙境。

十一、见证人类科技发展奇迹的地方

在希腊这块神奇的土地上，勤劳的希腊人民创造了人类文明史上的一个又一个奇迹，在科学技术领域更是取得了惊人成果。伟大的数学家毕达哥拉斯，创立了"毕达哥拉斯定理"，把数分为奇数和偶数，提出了无理数的理论以及几何学上的点、线、面和空间的概念。伟大的数学家和物理学家阿基米德是流体力学的创始人，提出了圆周体的科学计算方法，发展了穷竭法，开创了牛顿、莱布尼兹完成的微积分的先河。他还提出了杠杆原理和浮力定律，即阿基米德定律。古希腊的希波克拉特斯开创了人类医学科学的先河，被尊为"西医之父"，他提出的医务道德规范，即希波克拉特斯誓词，时至今日仍然是医务人员的行为准则。

在雅典考古博物馆内陈列着在希腊出土的人类历史上最早的计算机。在伯罗奔尼撒半岛上的迈锡尼附近，3000多年前修建的古石拱桥仍然屹立在河道上。2000多年前，希腊人发明了用石块修成的计时工具——水钟。在萨摩斯岛上，人们至今还在运用毕达哥拉斯的原理制造一种名叫公平杯的杯具，它与中国古代的倒流壶有异曲同工之处。在建筑学领域，希腊古代工匠创造的成就更是惊人，他们建造了诸如宙斯神庙、亚历山大灯塔、阿尔忒弥斯神庙、罗德岛阿波罗巨人铜像等古代的奇迹。

十二、惊天地泣鬼神的希腊民族精神

自古以来，希腊不仅是一个智慧勤劳的民族，同时也是一个热爱祖国和富有大无畏牺牲精神的民族。这种精神来源于几千年的智慧美德，也浸透在这个民族的血液中，使人们为之折服。我们记得人类的第一位诗人——荷马在他的史诗巨作中就曾写道："祖国是无与伦比和最可爱的。"伟大的哲学家苏格拉底也曾说过："祖国是一个神圣而高尚的礼物，它比父母和祖先还要伟大。"在这种精神的培育和鼓励下，希腊人创造了许多可歌可泣的英雄壮举。

在马拉松，希腊将士以少胜多，战胜了入侵者，费里皮德斯为传达胜利的喜讯，跑步到雅典，并为此献出了宝贵的生命，谱写了一曲永载史册的英雄篇章。

公元前 480 年，斯巴达城邦的国王列奥尼达斯率 300 将士在温泉关与入侵的波斯军队进行了一场殊死的战斗，最后全部壮烈牺牲，书写了世界军事史上著名的温泉关战役。鲁迅先生在 1903 年写下了《斯巴达之魂》的文章，以温泉关国王和将士的壮举，激励中华儿女奋起反抗帝国主义列强的侵略。

在 19 世纪争取民族独立的斗争中，希腊涌现出许多感人肺腑的英雄事迹。在赫依奥斯岛上，有一个名叫阿纳瓦图的村庄，在 1822 年争取独立的起义中，300 名当地勇士，同奥斯曼帝国的军队进行了惨烈的战斗。面对强大的敌人，他们宁死不屈，一起从 300 米高的悬崖峭壁上跳入山谷，壮烈牺牲。在 1866 年，克里特岛上的 300 名勇士在阿尔卡特修道院浴血奋战，抵抗奥斯曼帝国的军队，最后引爆弹药库，与几百名敌人同归于尽。这一惊天地泣鬼神的壮举，曾震动了当时整个欧洲，法国文坛巨匠雨果亲自为此写下了赞美的词句。在 1821 年，一位名叫阿塔纳西奥斯·迪亚科斯的英雄，带领一支起义军同侵略者进行了不屈不挠的战斗，并重创了敌军。侵略者对他恨之入骨，又十分惧怕。在温泉关地区的一次战斗中，迪亚科斯不幸被俘。敌人对他施加酷刑，威逼利诱，企图要他投降，或改变信仰。但迪亚科斯宁死不屈，最后敌人残酷地把他开膛破腹，用铁棍将他刺穿，放到火上活活烧死。为了纪念这位年仅 35 岁的英雄，人们在他牺牲地方的路旁树起了一块纪念碑。

在第二次世界大战中，希腊人民奋起抵抗法西斯的侵略。两位 18 岁的年轻人，置生死于不顾，在 1941 年的一个深夜攀上雅典卫城的悬崖峭壁，取下了旗杆上的法西斯旗帜，换上了希腊国旗，极大地打击了侵略者的气焰，激励了人民的斗志。就是这种大无畏的爱国和英雄精神激励着希腊人民，成为一个民族生存和发展的灵魂。

十三、在希腊海洋和岛屿上探寻千年爱情的悲欢离合

希腊是欧洲和美国人度假和旅游最常去的国家之一。除了希腊的几千年的光辉历史和文化，它是欧洲日照时间最长的国家，并拥有美丽的大海和海滩，更是一个最富浪漫情趣的地方，是一个追寻和体验永恒爱情的国度。

圣托里尼岛的独特风光已成为新婚夫妇度蜜月的最佳去处之一。那雪白小屋、蓝色的教堂圆顶和古铜色的吊钟，到圣岛北部小村观赏落日更是令人心旷神怡。许多新婚宴尔的中国新人也来这里度过他们的蜜月时光，并留下一生难忘的婚纱倩影。

希腊还有其他许多令历史名人钟爱的、象征永恒爱情的岛屿。2000 多年前名留青史的埃及艳后克莱奥帕特拉和罗马帝国的安东尼选择了萨摩斯岛这个希腊神话中天后赫拉的家乡，共度最后的美好时光。这里不仅有旖旎的风光，还有古希腊最重要的天后赫拉神庙，其规模可与雅典卫城上的帕特农神庙相媲美。这个岛是古代哲人和数学家毕达格拉斯的故乡，岛上有公元前 6 世纪修建的长达千米的穿山古隧道。岛上的首府毕达格里翁整个古城被联合国科教文组织列为人类的文化遗产。在希腊神话中引发著名的特洛伊战争的斯巴达国王的美女王后海伦与特洛伊王子帕里斯私奔后，在斯巴达南部一个名叫克拉奈的小岛度过了他们最初的美好时光。在当代，绝世佳人戴安娜公主在离开人世前与她的情人在依德拉岛度过了最后一段美好时光。可以说，希腊的爱琴海也成了名副其实的爱情之海。

米克诺斯岛上的古风车

希腊西部海洋中有不少与"爱情"一词相关的岛屿。最北部有科孚岛，这里有人们耳熟能详的茜茜公主的行宫——阿希里奥宫。此宫曾是奥地利皇后伊丽莎白（即茜茜公主）的行宫，建于 1890 年，系新古典主义建筑风格，是一座瑰丽无比的宫廷式建筑。茜茜公主亲自为行宫命名为阿喀琉斯宫。她最喜爱的英雄是希腊《荷马史诗》中的阿喀琉斯。宫内陈设也突出了这位英雄在皇后心目中的地位。她最喜爱的《垂死的阿喀琉斯》雕像立在花园显著的地方；宫中大理石石阶上陈放着巨大的铸铁雕像《胜利的阿喀琉斯》，高达 15 米，栩栩如生；油画《阿喀琉斯凯旋》等名作挂在宫内的墙壁上，甚值一游。在科孚城附近有一个"永世不变的爱情"海峡——阿默尔海峡。这里的景色之美，令人叹为观止。神话传说称，两位情人如能游过阿默尔海峡，他们之间的爱情将永世不变。希腊西部海洋中还有一个为爱而殉情的圣地——莱夫卡达岛。 此岛标志性的景点是南部一座高 72 米的临海峭壁，世界上最早的、最著名的女诗人萨福，就在这里为了爱情，从悬崖纵身跳入爱奥尼亚海殉情。依塔卡岛是忠贞不渝的爱情的象征，是《荷马史诗》中的英雄人物奥德修斯的故乡。史诗第二部分《奥德赛》中描述了奥德修斯征战特洛伊和返乡路途上的磨难。他离乡背井十几载，他的美丽无比的夫人对他的爱却坚贞不渝。在漫长的等待丈夫归来的时间里，她以超人的智慧赶走了众多达官贵人的威胁、利诱和追求，最终与奥德修斯团圆。这一美丽的爱情神话连同岛上的美景，成为众多画家创作的题材。

十四、在希腊探寻人类神话、文学和诗歌艺术的源泉

在史学家的眼里，希腊是一个神话的国度。在这片土地上，它的每一个城镇、每一个海岛、每一片土地，都发生过与神话有关的美丽的传说和故事。古希腊神话是世界上现存内容最丰富、结构最完整、历史最悠久的神话系统之一。马克思说过，"希腊神话和后来的希腊史诗是发展得最完美的人类童年的产物，有着不朽的魅力"。希腊神话口口相传，不断充实与艺术加工，成为孕育古希腊文明的土壤，为后世的创作提供了永不枯竭的源泉，并对欧洲历代文艺的发展产生了巨大的影响。在古罗马的文化中，从文艺复兴到 19 世纪的浪漫主义作家，如意大利的但丁、德国的歌德和席勒，英国的莎士比亚和

雪莱，无不从古希腊神话中汲取了创作的思想和源泉。恩格斯在撰写《家庭私有制和国家的起源》一书时，也大量引用了希腊神话故事。诸如"俄狄浦斯情结""特洛伊木马""潘多拉魔盒"等概念也都出自希腊的神话故事。

在文学方面，希腊也开创了人类文明的先河。《荷马史诗》是人类文学和史诗中流传下来最早、最完整的文学作品之一。这部巨作全面生动地反映了古希腊的社会生活，艺术地展现了当时的政治、经济、文化、军事、习俗和风尚等方面的情况，生动刻画了一系列为人所尊崇的英雄，体现了古希腊英雄主义和集体主义的崇高理想。许多后世的伟大文学家和现代影视作品都从这部史诗中汲取了无穷的语言、思想和创意方面的启示。在中国家喻户晓的《伊索寓言》，出自一个希腊的奴隶——伊索之手。这部古代民间口头文学的杰作已成为世界文学的宝贵遗产之一。古希腊培育了许多著名的诗人，特别是人类历史上第一位女诗人萨福。此外，古希腊伟大的历史学家修昔底德所著《伯罗奔尼撒战争史》，是人类历史上第一部军事著作。此书记述了希腊雅典和斯巴达两城邦之间长达 30 多年的历史，并由此导致古希腊从鼎盛走向没落和分裂的过程。他还进一步发展了观察人类历史的方法，提出了以史为鉴的修史原则。

十五、戏剧艺术的圣地

古希腊戏剧是古希腊文化成就的重要组成部分，也是人类悲剧和喜剧艺术的发源地。其形式多样的高超表演、深刻的语言、丰富的内涵、抨击时弊之犀利及对英雄和爱国主义的推崇，使之成为人类文化宝库中一颗璀璨的明珠，也是当代戏剧艺术取之不尽的源泉。

悲剧和喜剧均起源于古代人们对神的崇敬和祭奠。悲剧最早起源于古希腊农村地区在春季举行的祭神典礼。人们在春天身披山羊皮，装扮成酒神的随从，载歌载舞，吟唱酒神的颂歌，祈求好年景。"悲剧"一词源于希腊语的 Tragodia，其古义是"山羊之歌"，并最终形成了悲剧艺术形式，索福克勒斯、欧里庇得斯与埃斯库罗斯并称为"悲剧三大家"。喜剧形成于公元前 5 世纪初，源于人们在秋季葡萄收获时节为感谢神灵、化装成鸟兽而举行的歌舞狂欢和滑稽表演。喜剧便由此而诞生。"喜剧"一词 komodia，在古希腊语意为"狂欢之歌"。恩格斯曾将埃斯库罗斯赞誉为"悲剧之父"，将阿里斯托芬称为"喜剧之父"。

　　在公元前 5 世纪希腊诸城邦的鼎盛时期，悲剧和喜剧成为各地人民喜闻乐见的艺术，当时的城邦也为此大兴土木，在希腊各地修建了大大小小、各种各样的剧场。大的可容纳 15000 名观众，小的也有数百座位。有的是雪白的大理石建成，有的是沙岩修建，也有后来罗马帝国时期的砖石结构。据称，各城邦修建的剧场的座位数目是其城邦人口的十分之一。有的城邦还规定，每一个自由民每年最少要观看一次悲剧或喜剧。戏剧就这样成了古希腊文明的不可或缺的组成部分。在希腊，无论你走到哪一座城市、哪一个海岛，都可以看到那里的古剧场遗址。其中经修复保存最好的是伯罗奔尼撒半岛上的埃皮达夫罗斯古剧场。每年夏季的夜晚，这里都要举行戏剧季。有观众从数百公里外赶来观看演出。在明亮的夜光下，偌大的剧场内没有任何音响设备，但每一位观众都能清楚地听到演员的每一句台词，这确是人间戏剧的奇迹。希腊是人们研究戏剧艺术不可不去的圣地。

埃皮达夫罗斯古剧场

十六、体验天下美食美酒的神奇之旅

　　谈到世界各国的美食美酒时，人们总会提到法国大餐和波尔多酒，意大利比萨和美酒，还有那德国的啤酒，等等。殊不知西方和欧洲美食都源自古希腊的饮食文化。希腊岛屿众多，受特殊的大气流层和海洋环流影响，爱琴海等周围诸海受污染最小，其海水最为纯净。独特而温暖的气候适合植物生长。早在古希腊，人们就视葡萄酒为智慧的源泉，酒神狄俄尼索斯在古希腊神话中占有不可或缺的地位。橄榄油最早在希腊是奥林匹克体育运动的标志性健康用品。希腊的橄榄油是地中海地区的上品。连欧洲最大的橄榄油出口国意大利，每年都要从希腊进口数万吨希腊初榨的橄榄油，用于提高其产品的质量。希腊的快餐"古狄斯"直接标榜百分百橄榄油加工，并大量使用地中海蔬菜，颇受国内外人士欢迎，成为美国"麦当劳"的强大竞争对手。希腊各地都盛产葡萄酒，其味道醇美，质量上乘，其中萨摩斯岛就有两款葡萄酒荣获巴黎葡萄酒大赛的金奖，这里也盛产向罗马教皇专供的美酒。茴香酒也是希腊一绝。这是一种 40 多度的烈性酒，在无色透明的酒液中滴上几滴水，杯中酒立即变成乳白色。在希腊，无论是在车水马龙的城市里，还是在爱琴海的美岛上，人们都可以找到不同等级、不同风格和不同口味的餐厅。你可以在雅典卫城脚下的"酒神饭店"边品尝希腊上等佳肴，边欣赏卫城的雄姿美景；你可以在雅典市内最高峰利卡维多斯山山顶的餐厅与朋友共进晚餐，雅典的美丽的夜景可尽收眼底。你可以到城边的"羊肉城"品尝希腊山羊肉。这里的肉馆栉比鳞次，风格各异，但其肉质鲜嫩，毫无膻味，亦为雅典另一可觅的美食佳地。在雅典还有一些别国没有的美食餐厅，其中一家可称为"哲学之餐"，这里的每一道菜都是以苏格拉底、柏拉图、亚里士多德等哲学家的名言命名的；还有一家餐厅更是风格奇特，这里的服务员都身着古希腊服装，而就餐的客人也要换上古希腊的服饰半躺着就餐，享受古希腊的风味美食。

（根据 2013 年 7 月 18 日讲座录音整理，有删改）

安宁的王国——

瑞　典

主讲人　王桂生

（1998.12—2001.11任中国驻瑞典大使）

　　1961 年我从北京外国语学院，即现在的北京外国语大学的英文系被选派到挪威留学，在奥斯陆大学攻读挪威语。学习结束后就留在我国驻挪威大使馆工作。连同在挪威学习的时间，我在挪威共待了 21 年。

　　下面给大家介绍一下瑞典的情况。我不知道大家对瑞典有什么了解，刚才主持人讲到作家莫言去年获得了诺贝尔文学奖，我就从这讲起。

　　诺贝尔是瑞典的一位化学家，也是发明家和工业家。他 1833 年出生，死得比较早，1896 年就去世了，只活了 63 岁。他去世的时候，有个遗嘱，就是把他自己的遗产建立一个基金，设立 5 个奖。这五个奖，一个是化学奖，一个是物理奖，一个是医学或者是生理学奖，还有文学奖与和平奖。和平奖，他交代要让挪威的议会去颁发。

　　历史上，挪威、瑞典曾经是一个国家，就是瑞挪联盟，实际上是瑞典当老大，统治了挪威一两百年。鉴于这样一个原因，他交代把和平奖让挪威议会去发。后来瑞典政府就在 1900 年设立了诺贝尔基金，诺贝尔奖就从 1901 年开始颁发，每年一次。颁奖的日子选在每一年的 12 月 10 日，这一天是诺贝尔的忌日。后来到 20 世纪 60 年代，又增加了一个经济学奖。

王桂生大使参加瑞典外交部组织的时节旅行参观（1999 年 3 月）

我刚才讲共六项奖，除了和平奖政治性非常强外，其他的化学、物理、医学、经济学，这些按客观标准都比较好办。但是一谈论和平奖问题就来了，和平奖按照诺贝尔的遗嘱应该选上一年度对和平做过很大贡献的人。文学奖也难说，因为文学有的时候跟政治也很难分开。纯文学没有，它还是反映了作家的态度、政治倾向。

瑞典的名字是从英文翻译过来的，它本国的语言应该叫"斯凡利亚"。不少人常把瑞典和瑞士搞混，因为它们的名字都以"瑞"字开头。

瑞典的地理位置，大家都知道，在北欧。北欧习惯上包括5个国家：瑞典、丹麦、挪威、芬兰、冰岛。瑞典就在斯堪的纳维亚半岛的中部，45万平方公里，人口是900多万，属于北温带气候，但是因为受到大西洋暖流的影响，所以瑞典的气温比同纬度的国家要高出七八摄氏度，不是非常寒冷。降雨量非常充沛，一年的平均降雨量是1000毫米。

瑞典这个国家有三大资源，一个是森林，一个是铁矿，一个是水力。森林的覆盖率大概是50%，应该讲是很高的。还有就是铁矿，瑞典的铁矿是富矿，含铁量高达70%。我去参观过瑞典北部的大铁矿，矿下的公路就有一二百公里。水力发电也非常发达。

瑞典的政体是君主立宪。现在在欧洲，有国王的国家不多了。但是北欧就占了三个：瑞典、丹麦、挪威。芬兰跟冰岛都是共和国。国王完全是国家的象征，主要参加一些礼仪活动，接受外国使节、出国访问等。实权在内阁。君主立宪，就是说除了国王以外，还有议会。议会每四年选一次，议会里的多数派政党组阁。一个政党，如果未获得议会的多数，但联合其他党在议会占多数，那么也可以组成联合政府。

外交政策方面，在冷战期间，就是两大阵营对立的时候，瑞典奉行中立政策。但是它的中立政策是武装中立，就是它有很强大的武装力量来保卫它自己的中立。不过现在瑞典已经加入欧盟了。

瑞典跟我国建交比较早，1950年的5月9日就跟我们建交了，也就是说中华人民共和国成立半年多一点它就承认我们，跟我们建立了外交关系。这是西方第一例。两国关系应该讲还是不错的，现在的贸易，一年是100多亿美元。两国国家元首都进行过互访。文化交流也很多，大家都知道，我们在海外建立了很多孔子学院，现在一共有500家左右，在欧洲的第一家就建在瑞典。

两国交往史应该说是源远流长。当年瑞典的一个地质学家就参与了周口店的北京猿人遗址发掘工作。另外，瑞典有一个探险家叫赫丁，在 20 世纪初就来过中国并在罗布泊考察。现在大家知道罗布泊没有了，都干涸了。更早的话，就是 18 世纪的时候，瑞典有一个东印度公司。这个瑞典的东印度公司，跟英国的不一样，它不是贩卖鸦片的。瑞典这个东印度公司当时跟中国有贸易往来。它有一艘船叫哥德堡号——哥德堡是瑞典南部的一个大城市，多次来中国进行贸易。18 世纪这艘船有一次从中国返回时在哥德堡附近海域触礁沉了。20 世纪 80 年代发现了这艘船的残骸，打捞起来了。后来他们按照当时的哥德堡号又仿建了一艘。这艘船的外形跟原来的完全一样，但加了发动机。过去主要是靠帆、靠风力行进的。时隔 300 多年，2006 年这艘仿造船开到中国来，到了广州。此时，瑞典国王正在访华，为该船举行了隆重的欢迎仪式。

瑞典这个国家有一个很突出的地方，就是它是一个有创造精神的国家。用我们现在的话来说叫创新，有很多例子可以说明。我们用的电脑鼠标，就是瑞典人发明的。利用电脑来进行彩色绘图，也是瑞典人发明的。我们坐汽车，现在都要系安全带，这个三点式安全带也是瑞典人搞出来的。气垫，就是发生汽车冲撞的时候，有一个安全气垫马上充气，可以减少冲撞的力量，减少伤害，也是瑞典搞出来的。它的气垫充气速度非常快，大概是千分之十二秒的时间。

在医学方面，瑞典的创新很多。起搏器，大家知道，有的心律不齐，要安装起搏器，最早也是瑞典发明的。还有呼吸机，还有伽马射线手术刀。伽马射线是一种激光，利用这种手术刀来进行脑外科的手术，可以做得非常精确，不造成伤害。还有就是老年人做白内障手术，瑞典发明的一种药物，可以保护眼角膜内皮的细胞，这样医生就可以比较自由地进行白内障的手术，不伤害眼睛。还有就是植牙，他们发明的植牙术用钛金属制成一种螺丝钉一样的东西，把它植到你牙床上，然后再镶牙。还有一种治胃溃疡的药，叫奥美拉唑，其原理就是抑制胃酸、盐酸的分泌，给溃疡创造一种恢复的条件。

刚才还有人提到瑞典的轴承，滚珠轴承，这是瑞典人发明的。还有就是刚才讲到的诺贝尔本人，他发明了黄色炸药，这是他的最大的发明。还有就是航海灯塔上的灯，是瑞典人发明的，使用乙炔——一种燃气，又安全，又经济。

这是大的工业方面的，还有日常生活当中的一些东西。现在咱们不太用火柴，都用打火机了，安全火柴就是瑞典发明的。还有咱们用的活动扳子，是瑞典人发明的。还有温度计，温度计咱们有两种体系，一个叫作摄氏，一个叫作华氏，摄氏这一套东西就是瑞典人发明的。还有拉锁，我们穿的衣服、鞋什么的，用拉锁很普遍。拉锁应该讲不是瑞典最早发明的，但是瑞典人把它改进了。我看到的资料是美国人先发明，但是它那个很容易生锈，另外不能弯，洗的时候还得把它拆下来。但是现在经过瑞典人的改造以后，它就成了我们大家见到的这个样子，也不生锈，也可以弯，洗的时候也不用把它拆下来。

瑞典的创新精神表现在各个方面。瑞典国王卡尔十六世·古斯塔夫登基的时候，给自己提了一个口号："For Sweden，in keeping with times"，就是"为了瑞典，与时俱进"。瑞典的确有这个创造的传统，所以它这么小的一个国家能够在世界上有立足之地，发展得不错，是有它的道理的。这个当然跟教育也有关系。九年的义务教育制在瑞典早就普及了，而且上大学不交学费。教育很普及，程度也很高，受过高等教育的人比例很大。瑞典学生大概三四年级就开始学英语，一直学到高中毕业。高中还要学第二外语、第三外语。一般高中毕业以后，他可能就学过4种外语。

我们在教育上当然有我们的优点，但是也有很大的缺点。其中一个就是不太培养学生的独立能力，接受老师的灌输比较多。瑞典就比较倡导独立思考。它的小学，还是比较舒服的。下午3点来钟就放学了，也没有家庭作业。很多家庭有地下室，都有自己孩子玩的地方，让他们自己随便折腾。什么拆个钟表、拆个玩具汽车，培养他们自己独立思考的能力。我觉得这些因素跟瑞典发明创造的东西都有关系。

还可以讲一讲瑞典几个传统节日。除了跟西方其他国家一样的圣诞节、复活节以外，瑞典还有几个节日。一个就是瑞典的仲夏节，6月24日。因为瑞典冬天比较长，将近5个月。冬季比较难受，阳光很少，白天，大概9点钟才天亮，下午3点天就黑了。他们非常渴望见到阳光，所以到了夏天就欢庆一番。其中围绕用树枝、鲜花扎起来的"五月柱"跳舞是一项主要活动。他们穿的都是民族服装，各地都有自己的特色，裙子上绣的图案不尽相同。传说这一天年轻姑娘悄悄到外边采七种不同的花朵放在枕头下，她晚上就会梦见她的白马王子。

一个叫露西亚节，是每年的 12 月 13 日。露西亚的意思就是光明。这个时候差不多是一年当中最黑暗的时候。你看这个照片上，领头的小女孩的头上插着蜡烛，穿白大褂，系着红腰带。其他的男孩子都带着三角帽，三角帽上贴着金纸剪的五角星。他们唱着歌，迎接光明。

一个叫龙虾节，龙虾节在 8 月份。设这个节日，本来是为了保护龙虾。一年之中只有两个月可以捕虾，从 8 月份开始，其他时间都是不准捕虾的。物以稀为贵，哪儿都是一样，慢慢就形成了龙虾节。

还有一个节日叫瓦萨滑雪节，在 3 月份的第一个周末。瓦萨是瑞典的一位国王的名字。15 至 16 世纪的时候，当时丹麦、瑞典、挪威组成了一个联盟，丹麦是老大。当时瑞典等于是受丹麦统治。瓦萨本来是瑞典的一个贵族，他挑头反对丹麦的统治，进行斗争，争取民族独立。他的很多亲戚都被丹麦人杀害了，有的做了牢。后来他成为瑞典的国王。为了纪念瓦萨，现在每一年瑞典都在 3 月初举行一次滑雪赛。滑雪的路程比较长，大概是 90 公里。据说，当年瓦萨从瑞典中部滑雪逃到瑞挪边界，就是这么远。

瓦萨滑雪赛的规模很大，场面壮观，成千上万的人参加这个滑雪赛。滑 90 公里，一般差不多要一天。沿途都设了饮水站、医疗站，天上还有直升机跟着。我今天穿的这件羽绒服还是当年参加滑雪赛人家送给我的，袖臂上绣了三面国旗：瑞典国旗、中国国旗，还有一面英国国旗。瑞典国旗代表主办方，我是中国大使，英国大使也参加了，当时就有我们两个大使。在斯德哥尔摩有 100 多个使馆，就中国跟英国大使参加了。

这里讲一个小故事，那天比赛完了，晚上举行一个宴会。宴会上数位嘉宾讲话，有美国人、英国人，也让我去讲。我说亲爱的朋友们——我是用挪威话讲的。这一下子人们都很震惊了，接着就是热烈的掌声。这说明外交人员掌握当地的语言多么重要，它可以一下子拉近你和人们的距离，使人感到亲切。这是一个小插曲。后来还奖了我一副滑雪板、一副滑雪的靴子，还有一个小马，是木头刻的。这个马讲起来也有故事。产这个马的地方叫达拉那，就在瑞典的中部，是个林区，森林很繁茂。据说早年，冬天大家闲着没事，一些农民就用木头刻东西，慢慢就形成这种工艺品。20 世纪 30 年代在美国有个博览会，瑞典把它拿去展览了，从那以后就成了瑞典有代表性的工艺品。有一年瑞典首相到美国去访问，送给美国总统的礼物就是这种小马。原来是完全手工的，现在已经发展成半机械化了。这个马有各种颜色：红的、蓝的、黄的、白的，各种大小，小的都做成耳坠。

再介绍一下瑞典的风景点，供大家旅游参考。瑞典自然风光比较好。要去的话，如果喜欢滑雪可以冬天去，如果不会滑雪，最好夏天去。它的盛夏在七八月，那里夏天气候非常舒适，一般都是 20 来摄氏度，所以那里是个避暑胜地，很安静，绿化也很好。

首先给大家介绍一下瑞典的首都斯德哥尔摩。斯德哥尔摩有 150 万人，处在瑞典的一个内湖——梅拉伦湖的出口，这个湖的水流入波罗的海。斯德哥尔摩实际上是个群岛，这个群岛大概有 24000 个大大小小的岛屿。斯德哥尔摩市本身就是以 14 个大的岛、用桥梁联起来形成的市区。所以这个地方有"北方的威尼斯"之称。他们自己宣称，斯德哥尔摩是世界上最美丽的首都之一。它大概有 1/3 的森林和绿地、1/3 的商业区和人口居住的地方，另外 1/3 是水面，所以空气很好。

这个城市各种博物馆比较多，大概有 70 家，最大的一个博物馆叫瓦萨

在瑞典参加滑雪比赛（2000 年 3 月）

古战船博物馆。瓦萨号是 17 世纪瑞典海军的一个战船。这艘船建造的时候就发现了问题，但鉴于当时国王的暴戾，没人敢指出。所以它建好了以后，刚要出海的时候就沉了。300 多年以后，20 世纪 60 年代才把它打捞起来。因为波罗的海的水盐分比较少，所以船被腐蚀的程度并不太严重，基本上被修复，建立了这个博物馆。

斯德哥尔摩有一个露天公园，叫斯康森露天公园。16 世纪瑞典的一些民间建筑都挪到这个公园里，建了一条街。你可以看到一些古代的手工作坊，有造料器的，有打铁的，有纺织的等。

再有就是瑞典的王宫了，王宫是欧洲的巴洛克式的建筑。王宫里除了国王办公、生活的地方外，还有一个珍宝馆和一个兵器馆。斯德哥尔摩王后岛，是一个对外开放的公园。夏天国王有时候就住在这儿。王后岛上有一个独特的建筑，叫中国宫。实际上不太像中国建筑，而是有点像蒙古国的。据说是当年瑞典国王给王后的生日礼物。

瑞典的中部有个叫"水晶王国"的地区，那里有许多家制造水晶工艺品的工厂。这些工艺品质量很好，艺术性很强，深受旅游者的青睐。

瑞典南部有一个湖是欧洲的第三大湖泊，叫维纳恩湖，大概有 6000 平方公里。还有法尔斯特布半岛的湿地，是候鸟栖息地。据说到了夏天，有成千上万的鹤在那里聚集，这时正是它们求偶的时期，景色壮观。

瑞典北部是山区，最高的山峰就在这个地方。北部有一个有少数民族，叫拉普族。拉普族在北欧国家，如芬兰、挪威、瑞典都有。有一种说法是，当年忽必烈远征欧洲，有一部分人就到了北欧。拉普族人有点像蒙古人的后裔。从长相来讲，他们颧骨很高，而且他们的民族服装很像蒙古族的服装。还有一部分人仍保持游牧的传统。他们有自己的文字、自己的语言、自己的文化。另外，北部的景色就是瀑布，北欧最大的一个瀑布就在瑞典北部，落差大概有 60 米。还有一个特别的景色就是北极光。北极光是一种物理现象，它的表现形式就是一种蓝绿色的光。夏天，特别是到了北极圈以内的地方，天气好的话是可以看到的，很好看，很壮观。

（根据 2013 年 1 月 24 日讲座录音整理，有删改）

加勒比绿鳄——

古 巴

主讲人　徐贻聪

（1993.9—1995.12 任中国驻古巴大使）

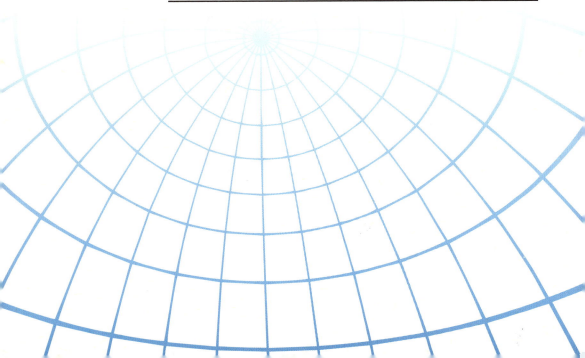

　　非常高兴今天有这样一个机会，跟大家一起来聊一聊我们一个友好的国家——古巴。我曾经在古巴工作过一段时间，时间不太长，但是在这以前，我曾经在外交部负责我们国家与古巴的一些工作；2001 年退休以后，又有机会去过几次古巴，所以对古巴这个国家的一般情况，我觉得还是可以跟大家讲一讲。

　　古巴是加勒比海地区的一个国家，面积有 11 万平方公里。除了主岛以外，古巴还有 1300 多个大大小小的岛屿，最大的一个在古巴主岛的西南方向，叫青年岛，原先叫松树岛。把它改成青年岛，是因为古巴在这个岛上建立了很多学校，除了它本国的青年以外，还吸收了亚洲、非洲包括拉丁美洲其他国家的一些青年学生，最多的时候有好几万青年在那里，主要是上大学。因为青年比较集中，所以古巴人把它改名为青年岛，是古巴一个省一级的建制单位。主岛，加上青年岛圆圆的样子，很多人把古巴比喻成一个正在孵蛋的鳄鱼：主岛是长卧在那儿的鳄鱼，下面青年岛像一个蛋。古巴人自己也有这样来形容自己的国家的。我觉得这个比喻形象地说明了这个国家的地理概貌。

哈瓦那市中心街景

古巴靠近加勒比海的西北部，它的北边就是美国，离美国佛罗里达半岛不到 90 海里。它的西面是墨西哥湾，穿过去就是墨西哥。往南去是牙买加，往东是海地和多米尼加。古巴的地理位置大概是这样。

古巴整个岛上自然风光非常美。古巴人自己说，古巴是一个神仙化身的国家，因而美丽异常。这个岛上没有高山，最高的地方有 1900 米。也没有大河，有一些比较小的河流，还有一些湖。虽然没有高山，但在岛的两端还是有一些比较小的山的，主要是西北部的一些群山，还有东部几个面积比较大一点、高一点的山。西部的山有点像我们桂林那一带的山，我们中国人管它叫"小桂林"；东部的山曾是卡斯特罗领导武装斗争时建立的游击区，我们中国同志把它比成"中国的井冈山"。卡斯特罗 1957 年从墨西哥打回国后，游击队的根据地就建在那里，从那里逐步开展解放全国的斗争；1959 年进入首都，完成了解放国家的进程，建立了他们自己的政权。

从历史上讲，在西班牙人到达美洲以前，古巴也是印第安人居住的地方。当时在整个美洲，从北美一直到南美，当地的居民是印第安人。在加勒比海，包括像古巴这个比较大的岛国上，也都有一些印第安人部族。西班牙人在美洲殖民统治 300 多年，开始杀了很多印第安人，阿根廷境内、乌拉圭境内、古巴境内的印第安人基本上都被杀没了。现在印第安人主要集中在像墨西哥、中美洲和南美洲北部的一些国家。

西班牙人，加上其他地方去的人，形成了如今的古巴民族。古巴人讲，现代的古巴文明主要来自三个方面：一个是欧洲，也就是西班牙人几百年在那慢慢形成的；二是非洲。为什么是非洲呢？因为古巴从加勒比海往东就是大西洋，大西洋再过去就是非洲。有些非洲人逐步往美洲大陆去，古巴、巴西，以及美洲靠近大西洋西岸的那些国家，黑人相对多一点。古巴处在加勒比海的门户，所以黑人比较多一点，形成了古巴现代文明的另外一个来源。三是亚洲，主要是中国。我们中国与古巴从大概 180 年前开始交往，主要是当年被贩卖到那儿去的契约华工，逐步形成了古巴民族外来因素的重要部分之一。当年去的中国人主要从中国的广东、福建一带，经过菲律宾、南太平洋等地，被贩运到古巴去，在古巴从事甘蔗种植，形成了华工群体。古巴有很多地方博物馆里面有关于中国华工怎么到达古巴的记载，也有当年中国人在那里怎么受苦、怎么受剥削、怎么参与当地的生产，甚至于参加古巴争取民族独立战争的一些资料。古巴有过几次独立战争，一个是反对西班牙统治，一个是反对美国人入侵的独立战争。在这两次战争中，都有在古巴的中国人的参与。古巴人告诉我，在当年的独立战争中，曾经有过营级建制的中国人组成的部队，打仗勇敢，屡战屡胜，建立了非常卓越的功勋。古巴独立战争的一位将领曾经说过："没有一个古巴华人是逃兵，没有一个古巴华人是叛徒。"这两句话后来被刻在20世纪30年代哈瓦那街头建的纪念碑上，说明在古巴人的心目中，中国还是有地位的。

　　中国因素在古巴人的日常生活当中也有不少反映。古巴人的饮食习惯有很多接近于我们中国人的习惯。在国外，整个民族以猪肉作为主要食品的国家不多，但是古巴是其中之一。古巴全国人吃的肉主要是猪肉，以烤猪肉为主，烤小猪为最好、最名贵的菜。烤小猪很像我们南方的烤乳猪。还有，古巴人喜欢吃米饭，有一种米饭是豆饭，黑豆、芸豆加米一块做的，带有咸味，这与我们有些地方的饮食习惯也差不多。中国人在古巴最多的时候有过几十万，所以在古巴人的姓氏当中，中国姓的比例相当大。古巴人曾经跟我们说过，有9%~11%人的姓氏当中有中国人的姓，可见一斑。目前在古巴的华人不太多，1995年古巴革命胜利后，所采取的政策不太一样，所以有些华人不太适应，逐渐离开了古巴。但哈瓦那还有个华人街，也还有一些中国人开的商店、餐饮店。古巴用语当中，有一些成语典故来自中国，说明我们中国在古巴的历史影

哈瓦那华侨纪功碑

响确实相当大。另外，古巴还有一个可能是美洲最大的华人墓群，安葬的都是中国人。在古巴生活的中国人去世以后，多被集中安葬在那个地方。

古巴人的一个明显特点是能歌善舞，喜欢唱歌、喜欢跳舞。人民天性乐观，而且从小就有这种特点。只要有音乐就可以跳、就可以唱起来。你到古巴城乡走走，可以看到小孩一听见音乐就会跳舞，特别有意思。古巴人喜欢唱歌跳舞的这个特性，对世界文化发展的贡献很大。在世界上有很多文化方面的东西，比如歌舞、音乐，还有美术，受古巴影响的相当多。很多流行舞蹈，包括阿根廷探戈、巴西的桑巴舞等，据说起源都跟古巴有点关系。来自不同民族的人，把他们的一些东西带到古巴以后，形成了一种新的形式，然后再从古巴传到其他国家。另外，古巴的芭蕾舞在世界上比较有名，古巴的乐队在世界上也比较有名气，古巴的乐器在世界上也是比较被认可的，这些都反映出这个民族能歌善舞的特点和他们的贡献。

苏联解体使得古巴的日子在一段时间里非常难过，他们自己称是"特殊困难时期"。但是，就是在那种情况下，古巴各级政府的一个重要的任务，依

古巴乡村小乐队

然是要想尽办法让老百姓有地方唱歌、有地方跳舞。乡村里哪怕是水泥地面的舞场，弄一组音响在那儿，每个周末就可以跳舞。老百姓有能够唱歌跳舞的地方，好像日子就好过点了。

很多人都知道古巴同美国的关系一直非常紧张。历史大家可能比较了解。卡斯特罗从 20 世纪 50 年代开始搞武装斗争，一直到 60 年代初期以前，卡斯特罗没有公开说他信仰马列主义、搞社会主义，所以美国，包括欧洲一些国家，对他也没有太注意，没有估计到他会成为反美先锋的这种角色。我们中国出版过一本卡斯特罗的书叫《历史将宣判我无罪》，这本书里面隐约地讲过他的思想、他信仰的东西，但他并没有说搞马列主义，也不说搞社会主义。那时候，古巴反对卖国独裁的武装斗争主要有三支力量，不同政治倾向的三支力量，到 60 年代三支力量结合起来形成古巴共产党以后，人家才对古巴的理念有一个比较明确的认识。现在，古巴人强调信仰马列主义，信仰马克思主义和何塞·马蒂思想相结合的主义。何塞·马蒂是古巴的独立之父，是古巴人反对西班牙殖民统治的、争取古巴独立的革命先驱人物，留下了很多比较先进的革命思想，很受古巴和拉美人民的崇敬，所以古巴强调的是马克思主义和何塞·马蒂思想结合的一种主义。另外一个原则就是坚持社会主义，这个口号叫得很响，很坚决。再有，古巴也只有一个政党，就是共产党，古巴非常强调共产党的领导。

历史上，美国一直想把古巴变成它的一个基地、一个州。这是美国不否认的事实。因为古巴比较近，又很漂亮，以生产蔗糖为主，海滩很多，全国比较有名的海滩有 300 多处，像北岸最有名的海滩，被称为世界上四大著名海滩之一，美国在很长一段时间把古巴作为一个休养胜地，有相当多的美国人在古巴度假。

古巴在美国的侨民有将近 200 万，按照一般的道理，侨民是可以给自己家里寄一点钱买东西的，但是美国政府，特别小布什政府时期禁止古巴人往国内寄任何东西和钱，后来经过反复斗争以后，允许一年寄一些，数额很小。美国就想把这个途径也掐断，让古巴人生活更加困难。美国的封锁包括很多内容，比如其他国家同古巴进行贸易的船只，半年内不能停靠美国的港口，所有的金融机构不能给古巴提供任何贷款，跟古巴进行贸易的公司不能和美国进行贸易，还包括获得美国专利的产品不能卖到古巴去，这都是美国封锁的组成部分。

徐贻聪大使（右）与菲德尔·卡斯特罗（中）

我觉得对大家来讲，可能要想了解古巴，一个重要的因素就是古苏关系。赫鲁晓夫时代的"导弹危机"，对古巴影响非常大。随着世界整个格局的变化，加上苏联自身的问题，东欧的一些情况，使得古苏关系带有很多戏剧性。原来苏联驻古巴的使馆有好几百人，使馆很大，我 1993 年到那里去拜访俄罗斯大使，他告诉我说这个大楼里头没几个人，现在都撤走了。

我想大家都知道，最近我们有好几位领导同志把中古关系形容为"好同志，好兄弟"，就是说中国同古巴的关系是非常好的，中古关系有几个不同的发展阶段。

1960 年，也就是卡斯特罗领导的革命胜利以后的第二年，9 月 2 日，古巴在首都哈瓦那的革命广场举行过一次群众大会，有 100 来万人参加，在会议过程当中，卡斯特罗突然向广场上的人提出一个问题：古巴应不应该同中华人民共和国建立外交关系？是不是承认中华人民共和国政府？全场观众齐声高呼"应该！"就在那个会上，古巴决定同中国进行建交谈判。卡斯特罗不是心血来潮，而是预先有考虑的，因为他在大会之前通知了我们中国新华社驻哈瓦那分社的社长曾涛同志。曾涛是哈瓦那分社的首席记者，他也不知道为什么那么突然通知他去参加。世界上两个国家建立外交关系，采取这样的形式，这是唯一的。谈判以后，双方决定于1960年9月28日正式建立外交关系。美洲30多个国家中，古巴是第一个同新中国建交的国家，一直到1970年才有第二个国家。

古巴与中国建交之初，派了很多人到中国学驾驶，然后又派来一批石油方面的实习生，这些实习生实际上是来帮我们的。20世纪60年代，我国的能源非常缺乏，也没有技术，我们石油工业最初的很多尖端的东西是古巴给的。当时我们双方还进行过其他方面的交流和交往，现在我们很多西班牙文翻译人才都是古巴帮我们培训出来的。另外，古巴60年代曾经给过我们两样东西，一个是牛蛙。它是野地里长的小东西，为什么叫牛蛙呢？因为个头大，叫起来像牛吼一样。牛蛙送给我们以后，慢慢繁殖起来，现在几乎到处都有。古巴前前后后还给我们送过几批奶牛，高产奶牛，但这些牛没有能够形成气候。

两国建交初期的关系相当不错，后来经历了一些波折。20世纪80年代后期，双方都感觉到确实有必要改善两国的关系。1989年1月，古巴当时的外长来中国访问。那是很多年以后的第一次来访，当时我在外交部当拉美司副司长，负责陪同他；当年6月，我们当时的外长钱其琛回访古巴，我也陪着，所以两国关系缓和阶段的重要事情我都参与了。那次陪钱其琛外长去古巴，卡斯特罗亲自主持了一个招待会，还邀请不少其他国家的使节去参加。招待会在古巴的革命宫举行。招待会上还没开始吃东西，他就把我们带到四楼会议室，同钱部长会谈。那次会谈一共谈了8个小时，我在会场做记录，最后累得都不知该怎么写字。那次会谈应该说对双方关系的恢复起到了很大的推动作用。

当我1993年到古巴时，两国关系已经非常正常了，给我在古巴工作提供了一些非常好的条件。我在古巴待了两年四个月，差不多每两个月就同卡斯特罗有一次长谈。古巴那时候处于困难时期，国际交往比较少，他经常去找我了解中国的情况。我们两个人每次谈话至少4个小时，最多的一次谈了9个小时，涉及各种各样的问题。我们两人都出生在中国的虎年，他比我大一轮，所以卡斯特罗说："我们出生在不同的虎年，难怪我们很投缘！"

古巴没有大山，所以矿不多，也没有大河，周围都是海，从发展经济来讲，我的感觉是有一定的局限性。但是，它也有很多东西是可以利用的，比方说，很多人都认为古巴应该是一个石油储藏比较丰富的国家，因为它在加勒比海中间，周围都是石油生产国，盆地应该往中间去。古巴镍矿储藏比较大，是储藏国和生产国，加拿大和它合作比较多。可能有很多人不知道，古巴是世界上四大产龙虾国之一，龙虾的品种相当不错。我们很多同志都记得古巴糖，我们困难时期一个重要保证就是糖，大部分都是古巴来的。

目前中古两国关系非常好，是历史最好时期，贸易额30亿美元。双方合作比较多，两国往来密切。古共中央政治局委员几乎都到访过中国，我国重要领导人，也都到古巴去过。两国相互之间的理解比较深，共同点也比较多。我们在古巴的各种代表机构很多，包括民营企业，在那儿都有办事处。古巴自己生产的东西不是很多，1100万人需要生活、生产，需要吃饭，很多东西需要靠进口。古巴也把我们当成重要的贸易合作伙伴，双方的合作余地和潜力都是很大的。

（根据2012年10月25日讲座录音整理，有删改）

南美的"黄金国"——

哥伦比亚

主讲人 吴长胜

（2003.8—2007.2 任中国驻哥伦比亚大使）

受政府委派，我曾三次在中国驻哥伦比亚使馆工作，加起来有近十年的时间。如果从我在外交部做主管哥伦比亚的工作算起，即从 20 世纪 80 年代初开始到现在，我的外交生涯中有很大一部分时间是与哥伦比亚有关系的。今天我就根据自己的了解，向大家介绍一下南美洲国家哥伦比亚的情况。

哥伦比亚是以发现美洲大陆的航海家哥伦布的名字命名的国家。它地处南美洲的西北部，北临加勒比海，西濒太平洋。它既是连接中美洲、南美洲的桥梁，又是进入南美洲的门户，所以我们说，哥伦比亚是南美洲的门户之国，战略地位十分重要。为便于记忆，我想用"一、二、三、四、五"来概括一下这个国家的情况，即一条大河、两面临洋、三条山脉、四季同在、五个邻国。

一是一条大河，即哥伦比亚的母亲河——马格达莱纳河。该河全长 1500 多公里，其中 1200 多公里可通航。它从南向北流入大西洋。不像中国的长江，一江春水向东流，而是"一江春水向北流"，贯穿整个哥伦比亚，流经全国 33 个省区的一半区域。马格达莱纳河流经哥伦比亚主要矿产区、咖啡区、农业区，那里是哥伦比亚人口最密集的地区，所以该河是哥伦比亚政治、经济、文化的摇篮，被称为哥伦比亚的母亲河、生命河。

除马格达莱纳河外，哥伦比亚东部还有奥里诺科河，南部有亚马孙河系，这就使哥伦比亚的水力资源非常丰富，总发电量达到 1 亿千瓦。

二是两面临洋。哥伦比亚是南美洲大陆唯一濒临两洋的国家，一面是太平洋，一面是大西洋。这使哥伦比亚一面通过加勒比海连接美国的东海岸，一面通过太平洋面朝亚洲。所以说，哥伦比亚有着得天独厚的自然条件。相比之下，加勒比海沿岸地区比太平洋沿岸地区更为发达一些。有人曾提议在哥伦比亚境内修一条跨越两洋的水平运河，建立起拉美大西洋地区至太平洋地区的通道及石油管道。如果这样，就可以将委内瑞拉的石油运往中国、日本和韩国，据说要比从中东运送石油少走一星期的路程。

哥伦比亚有个重要的旅游城市叫卡塔赫纳，它就处于大西洋地区，是一座历史悠久的古城。它既保留了古城一部分的原貌，也矗立着很多现代化的建筑和设施，它不但是哥伦比亚人的休闲旅游胜地，也是许多重要的国际会议的会址。这个城市已被联合国科教文组织命名为世界文化自然遗产。

三是三条山脉。安第斯山脉自南向北贯穿整个南美洲，在哥伦比亚境内分成三股，形成了西部、中部和东部三条山脉。在这三条山脉上各有一个重要城市，西部山脉上是卡利市，人口200多万，是哥伦比亚工业、农业、食品及糖的主要产区。中部山脉上是哥伦比亚的第二大城市麦德林，人口500多万，是哥伦比亚工业特别是纺织业的重要基地。哥伦比亚首都波哥大位于东部山脉上，有700多万人口，是哥伦比亚政治、经济、文化的中心，有"南美雅典"之称。

哥伦比亚绝大多数人居住在这三条山脉或山谷、盆地中。这里矿产丰富，土地肥沃，适宜农作物生长，是哥伦比亚经济活动最集中的地区。

哥伦比亚的山脉比较多，首都波哥大海拔2600多米，比较高，所以一般会认为哥伦比亚是一个高原国家。但实际上哥伦比亚三分之二左右的国土是平原，如东部平原，面积几乎占哥伦比亚国土总面积的一半，但因为这些地区气候炎热，土地贫瘠，全年降水不均，不太适合农业等的发展，所以这些地区人口稀少，经济不发达，但有着巨大的发展潜力。

在拉美国家中，哥伦比亚是大城市较多的国家，人口在100万以上的城市有10多个，这些城市大多位于这三条山脉之上，使哥伦比亚成为一个城镇化比较发达的国家。

四是四季同在。也就是说，在同一天内，全国不同地区有春、夏、秋、冬四个季节同时存在。哥伦比亚地处北纬4度~12度，靠近赤道，本应为热带地区，但哥伦比亚的气候不因离赤道远近有所区别，而是根据地势高低来定，可称为阶梯性气候。海拔4000米以上的地区，终年积雪，常年是冬天，是寒带气候；海拔在2000米~3000米的，如波哥大，年平均温度为14摄氏度~15摄氏度，如我国的秋天，人称四季如秋；海拔在1000米左右，如麦德林，气温在17摄氏度~18摄氏度，人称四季如春；海拔在400~500米以下的，如卡塔赫纳市，就完全是热带气候了。

四季同在的另一个意思是，即使在同一城市，不同海拔的地区也是如此。如波哥大4000米以上的高山终年积雪，但驱车下山，一路上可以经过好几个季节，产香蕉的地区便是海拔2000米以下的春秋气候，经过一个小时的路程就可以看到海拔只有三四百米的热带风光了。我们常年工作在空气稀薄的高原，有的时候愿意到热一点的地方去，只要开车45分钟就到了，在那里度假、游泳，呼吸更多的氧气。

由于气候条件好,哥伦比亚农作物种类齐全,不但盛产各种气候带的水果,还有不少稀有水果。得天独厚的自然条件,也使哥伦比亚的旅游资源非常丰富,因为在很短的时间内,既可以到高山上去滑雪,也可以到海边去游泳。

五是五个邻国。哥伦比亚陆地与五个国家相连,它们是:巴拿马、委内瑞拉、巴西、秘鲁和厄瓜多尔。哥伦比亚在海上还与牙买加、尼加拉瓜有边界。

巴拿马曾是哥伦比亚的一个省,1903年,美国为修建和控制巴拿马运河,策动巴拿马独立,发生战争。哥伦比亚战败,被迫承认巴拿马独立,这成为哥伦比亚民族的一个伤痛。

这样有利的地理位置,使哥伦比亚成为许多地区组织的成员国,如美洲国家组织、安第斯条约组织、亚马孙条约组织、加勒比国家组织、三国集团、里约集团、南美洲国家组织、拉美太平洋联盟等。目前哥伦比亚也在积极申请加入亚太经济合作组织。这些都将使哥伦比亚在本地区发挥更重要的作用,也使其经济、外交等有了更大的发展空间。

下面我再来介绍一下哥伦比亚的自然资源等情况。

哥伦比亚国土总面积114万平方公里,排在巴西、墨西哥、阿根廷、秘鲁之后,在拉美居第五位,人口4700多万,排在巴西、墨西哥之后,为拉美的第三位。2013年GDP总值3855亿美元,人均8380美元。已探明哥伦比亚煤储量40.64亿吨,居拉美首位。石油储量18亿桶,天然气储量187亿立方米,铝矾土储量1亿吨,铀4万吨。全国森林面积4923万公顷,覆盖面积50%以上。

从经济上来讲,哥伦比亚在拉丁美洲属于一个中等靠上的国家。其特点就是经济门类比较齐全,特别是21世纪以来,经济增长比较稳定。

哥伦比亚是一个物华天宝的国家,自然资源十分丰富,其盛产的灿灿发光的黄金、魅力迷人的鲜花、浓郁芳香的咖啡及晶莹剔透的绿宝石被称为哥伦比亚具有代表性的"四宝"。下面我就来讲讲哥伦比亚这"四宝"。

首先说说黄金。哥伦比亚是盛产黄金的国家,2011年产量55.91吨。哥伦比亚在古代曾被称为"黄金国",所以哥伦比亚首都波哥大的机场就叫"黄金国机场",机场通往市区的大道叫"黄金国大道"。波哥大市有著名的"黄金博物馆",它是世界上规模最大的黄金饰品博物馆。

印第安人最初拿黄金作为以物易物的手段,慢慢地才制作成与宗教崇拜有关造型的装饰物，佩戴者根据不同的身份、地位选择自己的饰物。另外，黄金也被用作陪葬品及祭神物品。印第安人崇拜黄金，认为它吸纳了万神之灵——太阳的光彩和能量，能驱魔辟邪，用黄金祭拜则可同神直接沟通，让神感应他们的虔诚之心。

自 20 世纪 30 年代起，哥伦比亚中央银行在古代印第安人金品出土的地方设置一些收购站，把这些金饰品收集起来。大概从 40 年代开始对外展出，就成为最初的黄金博物馆。由于不断收集，规模逐步扩大，到了 60 年代它就已经成为世界上规模最大的黄金博物馆了。

黄金博物馆的展览主要有三个部分。第一部分是介绍哥伦比亚黄金饰品的起源和古印第安人的制作工艺。第二部分是按照各个出土地区来展示古印第安人的金饰品和器皿。这部分的展品种类繁多，既有装饰品，如耳环、项链、金面具等，还有当时印第安酋长戴的很大的鼻环、王冠、帽子以及身上的盔甲等饰品。另外，还有很多生活用品，如金制的针、碗、盒等。还有一些是小动物状的工艺品，如象征多子、多孙、多福的金蛙等，制成项链、手链供人佩带，因为哥伦比亚人把青蛙看作主管繁殖的神。这些工艺品的水平现在看来也是非常高端、精美的，金品的数量也非常大，有 3 万多件。

这个博物馆的第三部分可以说令人震撼，那就是金色大厅，它在博物馆的最高一层，也是单独的一层。参观者要分批进入，警戒非常严。进去以后，整个大厅先是黑暗一片，随着印第安音乐的响起，灯光慢慢亮起来，一个布满金饰品的大厅展现在人们面前，金碧辉煌。加上踩在脚底玻璃地面下的黄金饰品，让人感到自己置身于金子的海洋之中。

黄金博物馆中有一个非常重要的展品，是一个金筏，筏上有 11 个小金人，展示的是古印第安酋长登基典礼及每年春季进行祭祀的情况。当时在波哥大附近有一个湖，名叫瓜达维达湖，人们认为那是黄金国的中心，酋长就是在这个湖上举行登基及祭祀仪式。仪式中，酋长身上涂满金粉，戴着各种金饰，站在一个木筏上，周围的人向他欢呼。等木筏到了湖中央，酋长便用清澈的湖水把身上洗净。金粉流到湖中，整个湖面变成了金色。这时候臣民欢呼，并把他们手上所有的金品礼物献给酋长，扔向湖里，以示祝贺。这个展品不但展示了古代印第安酋长的活动仪式，也是黄金国的富足和权力的象征。它的复制品经常用来送给到哥伦比亚访问的外国领导人，寓意着对朋友最美好的祝愿。瓜达维达湖在距波哥大约 30 公里的郊区，现在已经成为一个旅游点。

哥伦比亚人把拥有这么独特、壮观的黄金博物馆引为骄傲，每个重要的外国代表团到访，哥方必邀请参观黄金博物馆，向外国来宾展示其印第安古老文化和土著居民所创造的奇布查文明。我国和哥伦比亚建交之后，曾由哥伦比亚总统夫人主持，在北京举行过一次黄金博物馆藏品的展览，当然只是很少的一部分金品。

下面再来说说哥伦比亚的鲜花。哥伦比亚有"鲜花之国"的美称，是世界上生产和出口鲜花的大国，在世界上占第二位，仅次于荷兰。

哥伦比亚有生产鲜花的良好的自然条件。如波哥大附近，周围都是山，中间有一块非常大的平原。它的气温最低是 5 摄氏度 ~7 摄氏度，最高是 18 摄氏度 ~20 摄氏度，土壤肥沃，非常适宜鲜花的生长。哥伦比亚的兰花非常有名，其国花就是"王冠兰"。在全国各地，生长着各种各样的鲜花。

坐飞机到波哥大，降落的时候，你就可以看到下面有很多白色的大棚，那就是花圃。鲜花需要保鲜，花圃靠近机场就为运输创造了便利条件，整箱的鲜花送到机场后，再由专机运到美国等国家。

自 20 世纪六七十年代起，政府鼓励人民种花，特别从荷兰引进了一些花卉品种和种植技术，再加上本地的优势，鲜花种植业在哥伦比亚发展得非常快。荷兰有冬天，而哥伦比亚的鲜花生产地则四季如春，所以它的花棚不需要坚固的材料，可以用塑料造的大棚。得天独厚的自然条件，使哥伦比亚鲜花生产的成本比较低，可以说，哥伦比亚的鲜花物美价廉。另外，它离美国比较近，那里就成了它的主要出口市场。特是在各种节日的前夕，比如圣诞节、情人节等，会有大量的鲜花空运到美国。这样，哥伦比亚很快就成为鲜花的生产和出口大国，每年出口额都在 1 亿美元以上。

除了美国以外，也向欧洲出口一些，近年向俄罗斯出口比较多。亚洲方面，哥伦比亚最近也开辟了市场，包括日本、中国香港等。哥伦比亚鲜花的品种非常好，通过与荷兰的花苗和种子进行实验和改良，培育出一些新的品种，比如说玫瑰，不但有红、黄、白、黑，还有一花多色的玫瑰，非常好看。另外，还可根据各国市场的需要进行生产，有的花茎长一点，有的短一些。鲜花基地，除了波哥大以外，还有麦德林。那个地方海拔大概在 1400 米，也非常适宜鲜花的生长，那里已开辟了新的鲜花生产基地。

为了推动鲜花的生产和出口并形成品牌效应，哥伦比亚每年都在8月份举办一次大型的国际鲜花节，安排在麦德林市进行。主要内容是在城市的中心广场上进行鲜花列队游行，不但有花车，还有用鲜花扎起的各种各样的造型。游行分地区排列，各省市都有自己的代表队。各个地区生产什么花，都在花车上表现出来，场面非常壮观。

每年的鲜花节都有一个评审团，他们对参加游行的各个地区代表队进行评判，为花车、鲜花品质、装饰造型、队伍组织等项目打分，以决定名次。最重要的是每个代表队都要有自己的花车。而且，每个花车上都有一个"鲜花小姐"，这是由各个地区事先评选出来的。她们在花车上进行选美表演，通过评比，最后选出一名"鲜花皇后"。因为有的时候其他拉美国家也派代表团参选，所以"鲜花皇后"可能是哥伦比亚的，有时也许是其他拉美国家的，如哥斯达黎加、委内瑞拉等。

波哥大周边一些重要的卫星城市也搞鲜花节，形式和麦德林所举行的大型鲜花节差不多。

鲜花节期间，除了游行外，在附近还有鲜花展销会，人们可以去参观、欣赏、购买，国内外的商家也可以到那里进行恰谈、交易。哥伦比亚利用鲜花节作为一个舞台来展示自己的鲜花，达到品牌效应，也更大地打开了国际市场。

咖啡是哥伦比亚的另一个重要宝贝。哥伦比亚也享有"咖啡王国"的美誉。哥伦比亚咖啡种植面积89万公顷，占全国耕地面积的1/4，主要分布在安第斯山脉地区1000米~2000米的地带。哥伦比亚咖啡种植面积大，产量多，品种纯正，味道醇厚，口感柔和，这就是哥伦比亚咖啡的重要特点。

哥伦比亚的咖啡生产在国家经济生活当中占有很重要的地位，每年出口额20亿美元左右，仅次于巴西，居世界第二位，占其外贸出口总值的一半左右。

世界上可能很少有一种咖啡是以国家的名字命名的，哥伦比亚是第一家，即哥伦比亚咖啡。哥伦比亚的咖啡是以其品质、口感和高品位闻名于世的。哥伦比亚咖啡之所以口感好，一是因为，哥伦比亚有着得天独厚的自然条件。海拔700~2000米的大片丘陵，火山岩的土质肥沃，雨量充沛，排水、通风顺畅，昼夜温差条件适宜，为咖啡生产提供了理想的环境。二是因为，它是人工分期采摘的，只挑选已经成熟的红豆，而不像其他大部分生产国那样，用机器采摘，把成熟的红豆和尚未成熟的绿豆一起摘下，这对咖啡的质量影响很大。

哥伦比亚有咖啡生产者基金会和协会，通过这个组织来推动咖啡的生产和出口。咖啡生产者协会负责把各地生产的咖啡收集起来，当国际市场价格比较好的时候，把它尽快推出去；当市场价格低的时候，可以先储存起来一部分，这样能够使咖啡生产者的利益得到很好的维护，生产的积极性不会受到伤害，产量也会比较稳定。所以咖啡生产者协会在国家经济生活中占有很重要的地位。

哥伦比亚的咖啡文化也很独特。比如说，在哥伦比亚拜访一个朋友或一位政府官员，他首先会给你上一杯哥伦比亚咖啡，交谈中，还会多次为你续杯。所以一次拜访，你会品尝好几杯哥伦比亚咖啡。而且哥伦比亚咖啡的品牌也很多，各种品牌都有自己独特的口味。另外，以咖啡作为原料的产品也很多，如咖啡糖、咖啡酒、咖啡豆工艺品等。咖啡的喝法也有很多种，如咖啡加白兰地的"皇家咖啡"，咖啡加威士忌的"盖尔咖啡"，咖啡加朗姆酒的"莫卡咖啡"以及咖啡加冰和蜂蜜的"蜜糖冰冻咖啡"，等等，不一而足。另外，在哥伦比亚，不管到什么地方，即使是很小的一个村庄，都会有一家咖啡店。在机场或在办公室，咖啡基本都是免费提供的。可以说，在哥伦比亚喝咖啡就如同在德国喝啤酒和在中国喝茶一样。

我国和哥伦比亚在1980年建交，当时，哥伦比亚咖啡出口市场还没有完全打开，他们就说，与中国建交后，如果中国每人每天喝一杯咖啡，那哥伦比亚的咖啡市场就没有任何问题了。当然我们也告诉他们，中国人有喝茶的习惯，是产茶大国，也希望哥伦比亚人多喝一点茶，这样我们可以多做交流。现在，哥伦比亚咖啡的广告已在我国一些电视台和大商场"闪亮登场"，哥伦比亚咖啡已在我国一些城市飘香了。

最后再来说说哥伦比亚的第四个宝贝绿宝石。世界上有很多地方生产绿宝石，如缅甸、泰国、柬埔寨、巴西和赞比亚等，但哥伦比亚绿宝石储量世界第一，也是最大的生产国和出口国，2011年出产340万克拉。另外，它的质量非常好，任何地方出产的绿宝石都难以与之比美。质量上乘的绿宝石就是"祖母绿"，是绿宝石之王，因为它碧绿、光亮、清澈，"晶莹得像要滴出油来"，便成为青春、靓丽、高雅的象征，有人称之为"女神的眼泪"。

一些学者说绿宝石是唯一百看不厌的宝石，其晶莹剔透让人看了会觉得养眼。无论是天晴、天阴，都不会改变它的光芒和颜色。到哥伦比亚旅游的人，都会把购买绿宝石作为一项重要的内容。

我在哥伦比亚工作时间比较长，我感觉哥伦比亚是一个勤劳善良、民风淳朴、热情好客、能歌善舞的国家，而且人民整体素质比较高，有文化底蕴。如果说哥伦比亚的绿宝石是宝石当中的精品，我认为哥伦比亚也是南美洲的一块绿宝石，它确实地大物博，美丽富饶。

现在我再来讲一下哥伦比亚存在的问题。既然哥伦比亚有这么好的地理位置和气候条件、这么多的自然资源，本应发展得更快，但它为什么一直是一个处于中游的国家，而发展速度并不是那么理想呢？我觉得这主要是因为两个大的社会难题制约了它的发展。

第一个是反政府游击队的问题。哥伦比亚是拉美地区唯一没有结束武装冲突的国家。这场冲突已延续了半个多世纪，使哥伦比亚20多万人丧生，是哥伦比亚社会经济发展的最大障碍，也对拉美地区的安全形势构成威胁。哥伦比亚国内反政府的游击队已有50多年历史，不但有左派的反政府游击队——革命武装力量和民族解放军，也有右派的反政府游击队——自卫军（他们已于21世纪初向政府投诚）。他们经常会在偏远的农村或人口密集的地方搞一些袭击军警、爆炸、绑架等暴力活动，制造声势。这对哥伦比亚的社会治安和国际形象都造成严重损害，使外国人不敢在那儿投资，担心人身及资金的安全。很多时候也造成了国内资金的外流，且大量的人力物力都用在了反恐上，严重地阻碍了国家的发展。多年来，哥伦比亚历届政府都致力于解决这个问题，或加大对游击队的围剿，或进行政治谈判，但这一问题始终都没有获得解决。2012年10月，桑切斯总统开始和国内最大的反政府游击队革命武装力量进行和平谈判。经过30多个月的谈判，已在农村和土地问题、政治反对派和公民的政治参与以及非法毒品的交易和相关冲突的解决途径等三个议题上达成协议。桑切斯总统表示要在2015年达成和平协议。但是，和谈也进入关键议题，即结束武装冲突、受害者权利和赔偿、协议的实现方式及其保障等三个问题。其中受害者权利和赔偿最为困难。广大受害者认为，反政府武装的建立和活动是违反哥伦比亚宪法和现行法律的，而且犯下了屠杀无辜、绑架、毒品走私等反人类罪行，应得到应有的惩罚，如判刑入狱。虽然可以减刑，但决不能逍遥法外，不能被政府大赦而直接参加政治生活。作为谈判另一方的革命武装力量则认为，这是一个和平进程，不是游击队的缴械投降；他们可以向有关误伤者和无辜受害者谢罪并进行赔偿，但不能接受刑事处罚。最近，和平谈判双方就这个问题也取得重大突破。哥伦比亚人民有望取得渴望已久的国内和平。

另外一个问题就是毒品。哥伦比亚既是毒品的生产国，也是重要的输出国。哥伦比亚地处南美洲门户，濒临两洋，气候条件好，又靠近美国，有利于毒品的种植、生产和出口。哥伦比亚生产的毒品主要是可卡因，美国消费的80%以上的可卡因都来自哥伦比亚。

哥伦比亚的毒品种植主要是古柯，这是一种多年生的灌木，非常容易生长，对土壤、气候等条件要求很低，也不需要施肥，而且主要是用它一年四季都可以采摘的叶子，所以很多农民就投入到这种生产中了。哥伦比亚生产的可卡因原料不全是哥伦比亚本国生产的，有些来自玻利维亚、秘鲁、厄瓜多尔。他们把这些原料运到哥伦比亚后，在哥伦比亚的深山老林里进行加工，然后通过海、陆、空运到美国，甚至欧洲。毒品集团和政府武装进行火拼，在社会治安上造成很大的问题，影响了国家的经济生活，也给哥伦比亚和周边国家的关系带来很多麻烦。

同时，哥伦比亚国内存在的游击队是与贩毒集团相互勾结和利用的。游击队生存需要钱，贩毒集团受到政府打击又需要得到反政府游击队的保护；游击队虽没有直接参加贩毒，但起到了保护贩毒集团的作用。这不但使游击队的问题得不到解决，也使贩毒活动更加猖獗，给社会稳定造成了更大的麻烦。

哥伦比亚人很幽默乐观地说，"上帝给了我们非常好的自然条件，但是因为太好了，所以也给我们制造一些小麻烦，这些麻烦就是暴力活动和毒品问题"。哥伦比亚政府和民众正在努力解决这些问题，以使国家能够得到更好的发展。

我再简单地介绍一下中国和哥伦比亚的关系。两国于1980年2月7日建立外交关系，双方在上海和巴兰基亚互设了领事馆。哥伦比亚政府坚持一个中国的政策。建交以来，两国关系发展得不错，高层往来不断，双边政治关系发展良好，各领域的交流与合作不断扩大，签署了不少经济合作协定、文化协定等，在国际事务中也保持良好合作关系。哥伦比亚总统桑托斯说，哥伦比亚外交目标之一就是发展同中国及亚太国家的关系。

建交以来，两国经济贸易关系取得较快发展，特别是近几年，双边贸易额快速增长。中国是哥伦比亚第二大贸易伙伴，哥伦比亚是中国在拉美的第五大贸易伙伴。2003 年，双边的贸易额不到 5 亿美元，但到 2014 年，双边贸易额达 156.4 亿美元，其中中方出口 80.4 亿美元，进口 76 亿美元。中国主要出口电器及电子产品、机械产品、计算机、通信设备、纺织品、金属制品等，哥伦比亚对华主要出口成品油、煤炭、废铜、镍铁矿、皮革和废铝等。双方的经贸合作主要在石油勘探开发、电信等领域。

两国在文化、教育领域也有很好的合作关系。哥伦比亚黄金博物馆的金饰品和我国的兵马俑进行过互展。两国还互派留学生。目前，我国在哥伦比亚设有两所孔子学院和一个孔子课堂。目前在哥伦比亚有一个学习中文、了解中国的热潮。

（根据 2014 年 6 月 19 日讲座录音整理，有删改）

热力桑巴——

巴　西

主讲人　陈笃庆

（2006.4—2009.2 任中国驻巴西大使）

巴西联邦共和国是拉丁美洲最大的国家，国土面积达851万平方公里，约占整个拉美地区的40%。人口近2亿，约为拉美总人口的30%。经济总量，2011年为2.4万亿美元，占拉美将近40%。经济总量去年已经超过英国，居世界第六位。书上说，中国是一个地大物博的国家，这句话需要更正，中国地是很大，但是物并不博。巴西耕地只开发了1/3，牛畜栏量超过2亿头，人均1头牛以上。巴西铁矿砂370亿吨，一年开2亿吨可以开差不多200年，这还不包括未探明的矿。但是老天爷也比较公平，它的煤不行，基本都是煤矸石。还有，亚马孙的森林资源非常丰富。巴西中西部高原，海拔平均700~900米，土质稍微差一点，但是掺一些石灰后可以变成良田。巴西中西部也是大豆和经济作物的重要产区。

巴西有黑人，除了非洲，黑人最多的国家是巴西，不是美国。现在巴西黑人在总人口中超过一半，包括黑白混血。巴西的原住民是印第安人，他们应该是远古时代从亚洲蒙古高原迁过去的。从人种看确实差不多，因为都是黑头发、黑眼睛。目前巴西的印第安人也就20万多一点，绝大部分被当时的殖民者杀光了。印第安人发音也是单音节的，跟汉语一样。在与巴拉圭交界的地方有一个瓜拉尼的部落，他们语言中有些词跟咱们汉语是差不多的，比如我们把女孩叫姑娘，他们那儿也叫姑娘。文化追根溯源也许可能与中国有些关系，但是这需要考古学家进一步探索。印第安人到底有多少部落未被发现，还说不好。

除有大量的欧洲后裔外，还有多种族几代通婚以后新生的一代，说不清是属于什么人种。白人黑人、

陈笃庆大使在伊瓜苏大瀑布前

黑白混血、印第安人和欧洲人混血都混在一起。巴西的德国后裔也很多，因为二战以后很多德国人迁往巴西。除日本本土外，日本后裔在巴西也是最多的。日裔在巴西渗透到各个阶层，包括很多人当议员、市长。中国人到巴西的历史也很早，200年前就有，早于日本。目前在巴西的中国移民及其后代也超过20万。

哥伦布发现新大陆是1492年，航海家卡布拉尔发现巴西是1500年。欧洲列强（法国、荷兰等）曾垂涎巴西，经教皇仲裁，巴西拥有南美洲东部的大片土地。

巴西的自然风光。里约热内卢耶稣山上的耶稣像是20世纪30年代竖立的，这是一景。巴西人说，耶稣张开双臂是欢迎各方来客。阿根廷跟英国人打仗（即马岛战争）的时候，巴西人又说耶稣张开双臂是让英国人别来了。里约热内卢的海滩非常漂亮，巴西人非常喜欢海滩。他们的沙滩排球打得好，足球更是天下闻名。

巴西最有名的是狂欢节，相当于我们的春节，恐怕比我们的春节还热闹。狂欢节主要跳桑巴舞，是把欧洲的舞蹈加进了非洲的土风舞，现在成为巴西的国舞。要跳好桑巴舞必须有较发达的臀部，一般桑巴舞学校都会围绕一个主题来编舞。桑巴舞学校的演员基本都是业余的，他们存一年的钱买一个角色，自己添置行头，一年的积蓄在狂欢节时都花完。

说到巴西的食物，现在北京大街上到处都有"巴西烤肉"，但徒有虚名，只是模仿了巴西烤肉店的服务方式而已。首先，巴西肉很多，你去一个烤肉店吃烤肉，只要你的刀不放下来，服务员会不停地给你上。巴西人喜欢吃肉。我曾经访问南部一个州，当地的一位官员说，他曾劝自己的工人，说不能光吃肉，那样对身体不好，于是就增加了一些蔬菜，第三天工人就不干了。想吃好的，就去巴西大城市的烤肉店，50美元就能吃一顿大餐；在农村，两三美元就可以吃一餐。巴西人口味比较重，要么很甜，要么很咸。除此之外，中国人到巴西吃饭还比较容易适应。巴西水果很多，很便宜。有许多珍奇水果可能咱们都没有见过，不少热带水果可以做冰激凌，非常好吃。东南亚的水果如山竹、榴梿，巴西也都有。每到年底（我们冬天的时候正是他们的夏天），杧果非常漂亮，木瓜也很好。有的大木瓜有点臭袜子的味道，小的是没什么味道的。巴西也产荔枝，我们是六七月份产荔枝，他们是年底。

巴西的足球与其说是运动，不如说是一种"宗教"。巴西从老到少都很喜欢足球，"人人都可以当教练，个个都可以当裁判"。每一个人都有自己喜欢的球队，同是一家人，如果喜欢的球队不一样，会为各自喜爱的球队加油、互相争辩、吵架。有一次巴西总统接见一个高级代表团，正好当天比赛的是总统和议长各自喜欢的球队，他们也发生争辩。有人说，唯一能够凝聚巴西人的恐怕就是足球了，一说到足球大家都会滔滔不绝。在巴西，接近巴西人最好的话题就是谈足球。巴西球员出口每年达到1000多人，这也是一笔重要的收入。世界上目前一共拿到五次世界杯冠军的只有巴西。巴西很多顶级球员都在欧洲踢球，所以西班牙语和葡萄牙语在足球语言里比英文重要，因为

巴西利亚全景

很多好球员都来自拉美。

首都巴西利亚位于巴西的中部，在 1956 年以前还是不毛之地，没有什么人。当时的总统库比契克决定迁都，计划四年之内把首都基本框架搭好，然后陆续建成。现在巴西利亚加上卫星城人口超过 250 万，已经是巴西大都市之一了。由于是新建的，规划得非常好，功能区分得很清楚。巴西利亚重要的建筑均出自同一设计师奥斯卡·尼亚梅耶之手，他非常睿智，曾参加过联合国大厦设计。他说他的艺术灵感来自曲线，一个是山脉的曲线，一个是妇女的曲线。他的很多建筑都跟曲线有关，非常有特点。

巴西还有一个世界奇观，是伊瓜苏大瀑布，位于巴西和阿根廷边境的瀑布群，宽大概 4 公里，有 200 多个瀑布，是一个瀑布群，在水量充沛的时候非常壮观，几乎只要一出太阳就出彩虹。到那儿游览时，一伸手，彩虹就在你的手里，非常好看。

巴西是金砖国家之一。金砖国家之所以受到重视，确实有原因。西方发达国家独领风骚的时代已经过去了，这些年巴西、印度、中国、俄罗斯等国对世界经济增长贡献率超过 50%。去年中国和巴西贸易额超过了 840 亿美元。在座的喝的橘子汁、吃的豆油可能都是巴西的，所以巴西跟在座每一位的生活也是密不可分的。我个人对中国和巴西的关系非常看好。巴西这个国家非常有意思，它是多民族融合而成的，是人种的大熔炉，当地人相当宽容，非常仁厚。

1964 年，军人发动政变，直至 1985 年才把权力交给文人。历届文人政府对以往的事情，基本采取向前看的做法，大多是强调民族和解，不搞"秋后算账"。各个民族，犹太人、阿拉伯人在巴西可以和平共处、互不干扰。有些年轻人回到以色列当兵，回来以后可能带来一些对巴勒斯坦人的敌视情绪。巴西人比较懒散，可能这是热带国家的特点。那儿的人比较悠闲，幸福指数高。如巴西人说这个事交给我了，不一定靠谱。举个例子，2006 年我住所的厨房漏水，10 多平方米的屋顶，竟然修了两个半月。当时正好是世界杯前后，工人说有世界杯，必须看球赛。世界杯期间，只要有巴西球队参赛，总统府都不办公。赢了要庆祝，要喝啤酒，输了没情绪，所以活儿干得慢。

一次我跟巴西的一位工程师聊天，他从南部一个城市到北边买了一处房子，请人装修，进度差不多一半的时候，就回去接家属。回来后发现装修工程没什么进展，非常不满。工人却说，做完这个活儿后到哪儿吃午饭。原来他们更关心的是午饭，不是进度。德国驻巴西大使馆重修，两年多都没有完成。我对德国大使说，用德国人的严谨来要求巴西人，不好使。他们就是这样的工作节奏，着急也没有用。

　　巴西城市化水平比较高，大概在 90%。巴西民风越往内地越纯朴，老百姓比较善良，尊重通过劳动致富的人。有的小城市汽车不锁也不会丢；在餐馆自己取食物，吃完了自己报。这在大城市是不可能的。

　　巴西的宗教。巴西是天主教教徒最多的国家，70% 都是信天主教的。基督教新教这些年在巴西有很大的发展。真正去教堂做礼拜的人越来越少，很多人跟着神职人员在广场上唱歌，这演变成一种娱乐活动。巴西也有佛教，最近出台规定，佛祖诞辰日也是纪念日。巴西人自嘲说，上帝是我们巴西人，上帝对我们巴西非常厚爱，给我们这么丰厚的土地。但是别国的很多人跑到上帝那儿抱怨说，上帝你太偏心了，怎么把这些好的东西给了巴西。上帝说别着急，你看我把什么人往那儿搁。言下之意是把懒人放在那儿了。

　　关于巴西，我再补充一些情况。巴西毕竟这些年还是发展起来了，靠二次大战以后奠定的工业基础。巴西历史上是咖啡生产国，后来发现光靠咖啡不行，所以开始搞自己的工业。20 世纪 50 年代发展汽车工业，六七十年代经济大发展，年增长率 10% 以上，还政于民后反而下降了。而且政权不断更迭，很难有长时间执政的。这种民主，也许对巴西人适合，但他们自己也在反省。

　　巴西发展基础比较好，因为地大物博，人口也比较多，市场广大，毕竟将近 2 亿的人口。早在 20 世纪 80 年代，巴西全国有 5 万架飞机，圣保罗州很多人都有私人飞机。80 年代巴西是债务国，现在已经是纯债权国了，外汇储备超过 3000 亿美金。

　　巴西的服务业比我们发达，约占国民生产总值的 70%。工业门类比较齐全。20 世纪 80 年代以后，因为各种原因造成工业系统老化，欠债比较多，再加上管理也有一些问题。在巴西使用手机，与中国直接拨号不同，首先要确定用哪个公司的业务（各公司的代码不同），然后拨区号，再拨对方号码，加在一起是 13~14 位，比较麻烦。巴西经济，在 2008 年世界金融危机中受到影响，国内采取了刺激消费的措施。2010 年巴西经济恢复增长 7%。2012 年，巴西国内生产总值超过 2.4 万亿美元，人均 1.2 万。巴西的大城市，目前看来不如上海、北京那么现代，但人家在 20 世纪六七十年代就已经达到那个水平了，必须承认人家原来的基础比我们好。

前些年，在劳工党领袖卢拉的领导下，巴西发展还是不错的，宏观经济政策在先前基础上扩大了社会面，对穷人、低收入者给了很多优惠。比如说你家里人均收入达不到规定水平就会享受补贴。但你的孩子上学到校率达不到 85% 就不能领；孩子要享受医疗，在接种免费的预防针完成后才能享受补贴。巴西很多老百姓，原来是不敢想象可以坐飞机的。现在飞机趟趟都是满的，很多人是第一次坐。巴西客运的火车基本没有。我们这些年环保欠债比较多，巴西环保措施比我们严得多。

中国人在巴西从事什么职业？最早去的华人开"角仔"店，就是广东人炸的那种大饺子，还有开洗衣店、开餐馆的。目前餐饮业还是一个重要的行业，但是基本上要靠国内输送新厨师，否则难以为继。在巴西出生的年轻人一般不会继承父业。目前新华侨到巴西从商的很多。里约热内卢市中心商业区，中国人可能快占到 2/5 了。巴西圣保罗州有一条批发街，中国人在那儿比较集中。总体上，由于中国国内经济的发展，目前在巴西的中国人日子比原来要好过一些，能够坚持下来还是可以的。

巴西的商业氛围。巴西是市场经济的国家，总体上恐怕还是采取国际通行的做法。只不过很长时间里执行"进口替代"政策，保护本国的工业，所以很多产品质量不是太好，价格还相当高。跨国公司进去以后，也享受这个政策。当地对新进去的企业采取排斥的态度。比如韩国"现代"进巴西花了很大力气。那些寡头们合在一起排斥外来的企业。商业氛围表面上是公平竞争，但是不公正之处也不少。

巴西这个国家法律很齐全，但不是完全按法律做。巴西律师行业也是很挣钱的一个行业。巴西对外国企业没有超国民待遇，对外国企业投资是欢迎的，但是他们办案的程序比较啰唆，不像我们改革开放以后，程序越来越简化。在巴西，开办企业的申请要花半年以上的时间是不奇怪的。在巴西投资一定要事先做好功课，做好咨询，该花的钱一定要花。

关于巴西的时尚产业。巴西的新时尚不少，鞋、衣服的设计都很新颖。巴西的外科整形非常发达。巴西的美女比较多，当模特的也很多，包括世界名模。有些人出了名以后就不在巴西工作，而是到欧洲当模特去了。

关于巴西的旅游景点。去里约热内卢游览，要记住，上耶稣山，一定要一大早去，睡到八九点再去就看不见了，因为天一热，山间的雾气上升，就把耶稣像挡住了。里约热内卢还有甜面包山，这样称呼是因为下午太阳一照，山体红通通的，就像刚出炉的面包。缆车是封闭式的，可以乘70人，从未出过事故，非常安全。

亚马孙丛林非常壮观。中国有泾渭分明这一说，巴西亚马孙河也有泾渭分明的现象：黑河出来的水跟黑啤差不多，而索利蒙斯河出来的是泥沙，两个河的水是慢慢融合在一起的。玛瑙斯的大剧院很漂亮，是橡胶业繁荣时代的见证。顺便说一下巴西橡胶业的历史。巴西是橡胶原产地，后来英国人把橡胶的种子偷带到东南亚去了。当时欧洲殖民者非常凶狠，奴役当地的印第安人。他们盘剥工人，不光工资给的很低，而且把生活必需品卖给工人也是加倍收钱，所以当地的工人也是苦不堪言。印第安人为了反抗，在橡胶汁凝成一团前故意把石头装进去，结果把欧洲加工橡胶的机器破坏了。东南亚橡胶业发展起来后，巴西的橡胶业就衰落了。

巴西伊泰普水电站。伊泰普水电站目前共有20台发电机组（每台70万千瓦），总装机容量1400万千瓦，是1973年签了协议以后陆续建的。他们的地势非常有利，发电总量不见得比我们的三峡低。巴西的水电占整个国家电力来源的80%还要多。

巴西的酒精产业。巴西生产酒精有几个阶段。20世纪70年代第一次中东石油危机后，在巴西军政府时期，就开始搞酒精计划。第一不占用耕地，使用甘蔗渣，酒精成本相当于美国用玉米做的酒精成本的1/3，而且政府规定每升酒精价格不超过汽油价格的2/3，政府车队必须要用酒精燃料汽车。此外，政府补贴企业研究改进气缸、解决抗腐蚀的问题。酒精在巴西能源结构里起到了非常大的作用，现在很多能源进口国都到巴西买酒精。

（根据2012年5月24日讲座录音整理，有删改）

后 记

《跟着大使看世界》终于和读者见面了。编写和出版这本书，源于中国国际友人研究会、北京市西城区第一图书馆、北京市西城区图书馆管理协会联合发起的"外交官带你看世界"系列讲座。自2012年4月26日"外交官带你看世界"讲座启动以来，每个月我们都会邀请一位前外交官，到北京市西城区第一图书馆向读者朋友介绍一个国家。这些外交官为读者讲述相关国家的风土人情、历史文化、人文精神，介绍自己担任外交官的经历，与读者分享自己代表中国与各国人民友好往来的切身感受。"外交官带你看世界"以全新的角度、丰富的内容、鲜明的特色、生动的语言，深受读者的喜爱。

"外交官带你看世界"讲座几乎场场爆满，现已经成功举办50余场。50多位前外交官先后来到图书馆，带领读者一起走过了50多个国家，足迹遍布全世界，参与读者超过4000人次。为了让这些珍贵的讲座资料得到充分的利用，让更多的人受益，西城区第一图书馆组织人员，协助外交官们梳理、加工讲座的文字、照片资料，结集成书、出版面世，以此架起国与国之间友好往来的桥梁，搭建国际交流的平台，同时也将这个特色系列讲座向更广阔的领域延伸推广。

本书能够顺利出版，是中国国际友人研究会、北京市西城区第一图书馆、北京市西城区图书馆管理协会以及朝华出版社共同努力的结果。在此，谨向所有关心本书的各界人士表示衷心感谢。希望通过《跟着大使看世界》这个窗口，我们能了解世界的丰富多彩，认识各国人民的前世今生，感受各国文化的无穷魅力，促进中外各国人民的友好往来，助力"一带一路"的国家战略。

囿于时间和水平有限，舛误之处在所难免，欢迎读者批评指正。

编者

2017年6月